대한민국 리더들의 필독서 **노자**

노자강의

김해영 지음

도서출판
청어

대한민국 리더들의 필독서, 노자

노자강의

김해영 지음

오랜 공직생활 동안 책향(冊香)이 드리워진, 늘 곁에 두고 싶은 책이 필요하다는 생각을 했습니다. 이번 김해영 박사의 신간 『노자강의』는 요즘처럼 혼탁한 세상에 딱 어울리는 책이라 여겨집니다. 특히 시대의 리더들에겐 더욱 필요한 책이 아닌가 싶습니다. 항상 곁에 두고 삶의 철학으로 삼으면 좋을 듯합니다.

박동훈
제10대 국가기록원장, 전 대통령비서실 행정자치비서관

노동운동가 출신이자, 시대를 함께 고민하는 친구, 김해영 박사의 신간 『노자강의』는 현실의 삶을 살아가는 사람들의 갈증과 고통을 시원하게 풀어주는 청량제와 같은 책입니다. 안식처를 일러주는 내비게이션과도 같습니다. 시대의 리더들에게 일독을 권합니다.

박수영
국회의원, 전 경기도 행정1부지사

산다는 건 시작도 끝도 경계도 없습니다. 가다가 멈추기도 돌아보기도 하지요. 나는 누구인지, 잘 살고 있는지 화두를 던지며 성찰합니다. 그러면 아하! 그렇구나! 해답이 보이지요. 그런 구도(求道)의 길을 묵묵히 걸어가는 사람이 있습니다. 철학박사 김해영이 바로 그 사람이지요. 그가 오랫동안 철학을 통해 교분을 나누면서 진리를 논하던 노자의 이야기를 상재(上梓)했습니다. 묵직한 울림과 감동을 줄 것입니다. 아무쪼록 노자철학이 많은 사람들의 가슴에 녹아들어 사람답게 사는 사람이 많아지기를 기대합니다.

홍승표
시인, 제6대 경기관광공사 사장

머리말

　100년 전, 인류(人類)가 생산한 지적자산을 동일한 만큼 양적으로 생산하는데 소요되는 시간이 100년이 걸렸다고 합니다. 요즘은 인류가 생산한 지적자산을 동일한 만큼 양적으로 생산하는 데 소요되는 시간이 불과 4시간이면 가능한 시대입니다. 일찍이 경험해보지 못한 시대에서 우리는 호흡(呼吸)하고 있습니다. 그래서 일각에선 '속도보다 방향'이란 말이 회자(膾炙)되곤 합니다만 넋 놓고 살 수 없는 시대에 있습니다.

　엥겔스가 1844년 '산업혁명'이란 용어를 처음 사용한 후, 토인비가 이를 대중화한 것은 잘 알려진 사실입니다. 이로부터 2차와 3차를 거쳐 어느새 4차 산업혁명시대, 즉 메타(Meta)시대로 깊숙이 들어왔습니다. 메타의 시대는 인문학과 과학이 통섭되는 시대입니다. 컴퓨터 기술 기반의 인공지능[AI], 사물인터넷[Iot], 클라우드(Cloud), 빅데이터(Big Data), 모바일(Mobile) 등이 신대륙인 '디지털 생태계'로 전환시켰습니다.

　세상엔 '두 종류의 지식이 존재'합니다. 하나는 내가 알고 있다는 느낌의 지식이고, 다른 하나는 내가 알고 있는 느낌의 정도가 아닌 설명도 가능한 지식입니다. 사실 지식은 설명까지 가능해야 살아 있는 지식이라 할 수 있습니다. 그렇다면 정보의 홍수 속에 살고 있는 오늘날 지성인(知性人)들은 어떤 지식을 흡수, 소화시켜 설명할 수 있을까요? 이는 선현(先賢)들의 사상(思想)을 '올바로 받아들이는 자세일 것'입니다.

우리는 모두 과거가 아닌 미래를 향해 움직입니다. 미래는 '지금 여기'입니다. 윌리엄 깁슨의 "미래는 이미 와 있다. 다만 널리 퍼지지 않았을 뿐."이란 주장도 있습니다만 이전에 전혀 듣도 보도 못한 '디지털 신대륙'이란 곳에서 호흡해야 합니다. 이를 위해선 '신대륙으로 들어가는 디딤돌'인 인문학을 읽어내는 능력을 길러야 합니다. 나 자신만의 삶이 아닌 공동체의 항구적인 발전과 보전을 위한 일이기 때문입니다.

노자(老子)는 오늘날 가장 널리 퍼진 사상 가운데 하나이며, 대부분의 사람들에겐 철학과 사상적 관심이 없더라도 도가(道家)의 가르침이 실생활에서 큰 영향을 미치고 있습니다. 『노자강의』는 '도가'를 깊이 이해하기 위한 출발점이 될 수 있으며, 이 책을 통해 독자들은 도가의 문화와 역사, 철학, 사상적 접근 방법 등 다양한 측면에서 이론적인 지식과 함께 평화로운 삶을 이어가는 데 크게 도움을 받을 것으로 믿습니다.

아울러 『노자강의』는 도가(道家)를 처음으로 접하는 분들이나 이미 '도가'에 대한 지적 역량을 지니고 계신 분들에게도 유용한 학습서가 되리라 확신합니다. '노자'의 철학과 사상적 가르침이 사회적 문제들에 대한 심도 있는 분석과 해결책을 제시할 수 있을 것이기 때문입니다. 아무쪼록 『노자강의』를 통해 도가에 대한 보다 깊이 있는 이해와 통찰(洞察)을 바라며, 이를 통해 더욱 지혜로운 삶을 이어가시길 기대합니다.

2023년 7월
송죽동(松竹洞) 승영철학사상연구소에서
김해영

차례

도경(道經)

덕경(德經)

노자(老子)는 누구인가

노자(老子)라는 인물에 대한 기록은 『장자(莊子)』와 『순자(荀子)』, 『한비자(韓非子)』, 『관자(管子)』, 『여씨춘추(呂氏春秋)』, 『전국책(戰國策)』 등에 보입니다. 하지만 전기(傳記)의 형태로 서술된 것은 역시 사마천(司馬遷)이 저술한 『사기(史記)』에서 볼 수 있습니다. 그의 「노자한비열전(老子韓非列傳)」에 보면, 노자(老子)에 대한 간단한 내용이 나옵니다. 노자는 초(楚)나라 고현(古縣) 여향(術鄕) 곡인리(曲仁里) 사람입니다.

성은 이(李), 이름은 이(耳), 자(字)는 담(聃)으로, 주(周)나라 왕실의 도서관을 지키는 사관(史官)이었습니다. 공자(孔子)가 주(周)에 가서 그에게 예(禮)를 물으려 하자, 노자가 이르기를, "그대가 말하는 그 사람은 이미 뼈까지 썩었소. 오직 그 말만 남아 있을 뿐이오. 군자는 그 때를 얻으면 수레를 몰고, 때를 얻지 못하면 엉킨 쑥대처럼 행할 뿐이오. 내 듣건대 장사를 잘하는 사람은 깊숙이 간수해서 빈 듯이 하오."

"군자의 성대(盛大)한 덕(德)은 그 모습이 어리석은 듯하다 하였으니, 그대는 교만한 기운과 많은 욕심, 꾸민 거동과 지나친 뜻을 버리시오. 이는 그대에게 득이 될 것이 없소. 내가 그대에게 일러줄 것은 이것뿐이외다." 라고 하였습니다. 공자가 제자들에게 이르기를, "나는 새가 난다는 것을 알고, 물고기가 헤엄치는 것도 알며, 짐승이 뛴다는 것도 안다. 달리는 것은 그물로 잡을 수 있고, 헤엄치는 것은 낚을 수 있다."

"또 나는 것은 주살로 잡을 수 있으나, 용(龍)이 풍운(風雲)을 타고 하늘을 오르는 것에 대해선 알 수 없으니, 내가 오늘 뵌 노자는 용과 같은가 하노라!"라고 하였습니다. 노자는 도덕(道德)을 닦았는데, 자은무명(自隱無名)[1]에 힘썼습니다. 그는 주(周)나라에 거주한 지 오래되었는데, 주(周)나라가 쇠퇴(衰頹)하는 것을 목격하자, 마침내 주나라를 떠나 관(關)에 이르렀습니다. 관지기였던 윤희(尹喜)가 노자를 보고 청합니다.

"선생께서 숨으려 하시나, 저를 위해 억지로라도 책을 지어주십시오."라고 부탁을 합니다. 이에 노자는 도덕(道德)의 뜻을 담은 상·하편의 글 오천여 언(言)을 남기고 떠났습니다. 그리고 노자가 언제 생(生)을 마쳤는지는 알 수 없습니다. 한편 『장자(莊子)』와 『예기(禮記)』, 「증자문」에도 노자(老子)가 공자(孔子)와 만나는 이야기가 나옵니다. 아마도 노자와 공자가 만나는 장면이 당시 사회에 많이 알려졌던 모양입니다.

물론 『장자』는 우언(寓言)의 형태로 기술되어 있어 모두 사실로 보긴 어렵습니다만 그러나 노자와 공자의 만남이 일반에서 어느 정도 인정되는 것이 사실이기 때문에 '우언이 형성'된 것으로도 이해됩니다. 그런데 여기서 의문이 하나 드는 것이 있습니다. '노자(老子)가 노자로 불리게 된 점'입니다. 이에 대해 노(老)는 성(姓)이고, 이(李)는 씨(氏)라는 설, 노인에

---

1) 그의 학문은 '스스로 숨어 이름이 없음[自隱無名]'에 힘썼다는 의미다.

대한 존칭으로 붙였다는 설들이 횡행하고 있는 것입니다.

말하자면 노자가 태어나면서 백발(白髮)이었기 때문에 노자라는 호(號)가 붙었다는 것입니다. 이상은 노자에 대한 일반적인 견해입니다. 아울러 새로운 시각으로 노자의 인간상에 대해 잠시 보겠습니다. 노자 이전의 역사는 사실 중국의 역사도 한국의 역사도 아니었습니다. 그저 동아시아 지역의 역사였습니다. 주지하듯 '고대 중원지역의 역사'는 동쪽에 살았던 부족과 서쪽에 살았던 부족이 서로 쟁탈하던 역사입니다.

여기서 요순(堯舜)과 탕(湯) 임금은 동부족이고, 우(禹) 임금과 문무(文武)는 서부족입니다. 따라서 우(禹) 임금이 세운 하(夏)나라는 서부족의 나라였고, 탕(湯) 임금이 세운 은(殷)나라는 동부족의 나라였습니다. 그러다 문왕(文王)이 세운 주(周)나라는 역시 서부족의 나라였습니다. 주나라 때까지는 중원을 차지하는 부족이 정치는 물론 사상까지 지배했습니다. 가령 서부족이 중원을 차지하면 정치와 사상을 모두 차지한 것입니다.

이렇게 서부족과 동부족이 한 번씩 번갈아 중원(中原)을 차지하다가 주(周)나라 때부터 고착화 됩니다. 주대(周代)에 철기가 생산되고, 전쟁기술이 발달하면서 동부족이 재기할 수 있는 기회가 사라진 것입니다. 주나라를 거쳐 진(秦)나라, 한(漢)나라로 내려오면서 중국이란 거대한 나라가 성립된 것입니다. 따라서 주나라 이후부터는 동부족이 중원을 차지하지 못함에 따라 동부족이란 '개념이 사라졌음'은 아쉬운 일입니다.

하지만 동부족의 사상[정신]은 사라지지 않았습니다. 즉 정치적으론 중원을 지배하지 못했으나 사상적으론 강력하게 펼쳐온 것입니다. 그 대표적인 사상이 바로 노자(老子)입니다. 노자 사상은 서부족들의 삶의 방식을 문제 삼기에 충분하고 명확했습니다. 서부족의 삶의 방식은 기본적으로 '물질문화 중심'입니다. '정신문화 중심'의 삶인 동부족들의 비판을 피해 갈 수 없음은 당연합니다. '노자사상이 존재하는 이유'입니다.

『노자(老子)』는 어떤 책인가

주지하듯 『노자(老子)』는 노자란 인물에 의해 형성된 사상이 구전(口傳)되다 후대의 사상가들에 의해 첨삭(添削)된 것으로 추측(推測)됩니다. 이후 전국시대(戰國時代)에 이르러 현재의 책으로 완성된 것으로 봅니다. 『노자』 전체를 보면, 장자(莊子)의 사상은 물론 법가의 한비자(韓非子) 사상, 심지어는 현실 처세에 가까운 것도 보입니다. 따라서 노자사상은 구전 과정에서 다양한 형태로 변질된 것으로 볼 수 있습니다.

이것은 당시 다양한 사람들에게 전파되고 또 동시에 통용되었을 것입니다. 그러다 후대로 내려오면서 적절한 통일 과정을 거치면서 이본(異本)들이 끼어든 것으로 보입니다. 청조(淸朝)의 사상가 최술(崔述)은 노자의 존재를 부정하면서, 『노자』는 노자의 저술이 아닌, 극단적 이기주의자인 양주(楊朱)의 위작이라 주장합니다. 근거로 맹자(孟子)는 묵자(墨子)와 양주는 배척했는데, 노자는 배척하지 않았다는 점을 들었습니다.

따라서 『노자』는 맹자 이후에나 만들어진 책으로 규정된 것입니다. 그의 이런 주장으로 학계에선 『노자』가 전국시대에 간행된 것으로 일반화됐습니다. 그리고 1973년 12월, 호남성(湖南省) 장사시(長沙市)의 마왕퇴(馬王堆)라는 전한(前漢)시대 고분(古墳)에서 비단에 적힌 『노자』 텍스트가 출토됩니다. 이른바 백서(帛書) 『노자』가 이것입니다. 이때 발굴된 『노자』

에는 두 종류의 노자가 들어있었는데, 갑본과 을본입니다.

갑본(甲本)은 소전(小篆)으로 쓰여 있고, 을본(乙本)은 예서(隸書)로 쓰여 있습니다. 이를 이른바 갑·을본이라 합니다. 여기서 흥미로운 것은, 갑본에는 방(邦)이란 글자가 그대로 쓰이고 있는데, 을본에는 유방(劉邦)의 이름을 휘(諱)하여 방(邦)이 국(國)으로 바뀌었다는 점입니다. 이를 통해 볼때, 갑본은 유방이 한(漢)나라를 창업하여 즉위하기 이전에 쓰여진 것임을 예상할 수 있습니다. 2세와 3세와도 무관하지 않습니다.

즉 을본에는 2세(世)인 혜제(惠帝)의 이름 영(盈)과 3세(世)인 문제(文帝)의 이름 항(恒)이 그대로 쓰여 있는 점으로 미뤄, 유방 즉위 이후, 혜제의 즉위 이전에 쓰여진 것임을 알 수 있습니다. 그런데 백서 『노자』의 가장 큰 특징은 현행 『노자』와 다르다는 점입니다. 현행 『노자』는 1장에서 37장까지가 도경(道經), 38장부터 81장까지가 덕경(德經)으로 되어 있는데, 백서 『노자』엔 '도경과 덕경의 순서가 바뀌어' 있습니다.

말하자면 덕경(德經)이 먼저 나오고, 도경(道經)이 뒤에 나오는 것입니다. 즉 덕경(德經)의 첫장인 38장이 1장으로 나오고, 도경(道經)의 마지막 장인 37장이 81장으로 나오는 것입니다. 순서도 현행본과 부분적으로 차이가 있기도 합니다. 현행본으로 40장과 41장이 바뀌어 있고, 80장과 81장이 66장과 67장 사이에 들어있으며, 24장이 21장과 22장 사이에 들어 있기도 합니다. 이처럼 현행본과는 좀 상이(相異)합니다.

그리고 도경(道經)은 우주론(宇宙論)과 본체론(本體論) 중심이고, 덕경(德經)은 인생론(人生論)과 정치론(政治論) 중심입니다. 도경(道經)이 먼저 나오는 현행본은 우주론과 본체론을 중시하는 도가(道家) 계열의 학자들이 정리한 것이고, 백서 『노자』는 인생론과 정치론을 중시한 법가(法家) 계열의 학자들이 정리한 것으로 보는 것이 일반적인 견해입니다. 그러면서 이 양자의 『노자』를 살펴보면 '원문에서 차이'가 있습니다.

말하자면 현행본 『노자』와 백서본 『노자』는 원문(原文)에서 차이가 있음을 확인할 수 있습니다. 가령 현행본 『노자』 제1장과 백서본 『노자』 제45장과 비교하면 아래와 같습니다. 이는 『노자』 전체를 비교하면, 적지 않기 때문에 일일이 대조하다 보면 감당하기 쉽지 않습니다. 자칫 원문의 철학적 분석이 뒷전이 될 수도 있습니다. 그러므로 본서에서는 큰 차이점이나 중요 부분이 아니면 과감(果敢)하게 생략했습니다.

현행본 『노자』 제1장: 道可道, 非常道. 名可名, 非常名. 無名, 天地之始, 有名, 萬物之母. 故常無欲, 以觀其妙, 常有欲, 以觀其徼. 此兩者, 同出而異名, 同謂之玄, 玄之又玄, 衆妙之門.

백서본 『노자』 제45장: 道可道也, 非恒道也. 名可名也, 非恒名也. 無名, 萬物之始也. 有名, 萬物之母也. 故恒无欲也, 以觀其眇. 恒有欲也, 以觀其所噭. 兩者同出, 異名同胃, 玄之又玄, 衆眇之門.

1993년엔 호북성(湖北省) 형문시(荊門市) 곽점촌(郭店村)에서 죽간(竹簡)이 발굴되었습니다. 이른바 곽점초묘(郭店楚墓) 죽간(竹簡)은 대나무 표면에 쓰여진 초나라 문서[楚竹書]로, 모두 13편의 내용이 담겨 있습니다. 그리고 죽간『노자』가 무덤에 매장된 시기를 보면, 전국시대(戰國時代) 중기 혹은 말기에 해당하는 것으로, 맹자 당시에 이미『노자』가 널리 퍼졌던 것으로 보입니다. 학계에 이목이 집중됐음은 물론입니다.

이때 발굴된 죽간은『노자』갑을병(甲乙丙) 외에『태일생수(太一生水)』,『치의(緇衣)』,『노목공문자사(魯穆公問子思)』,『궁달이시(窮達以時)』,『오행(五行)』,『당우지도(唐虞之道)』,『충신지도(忠信之道)』,『성지문지(成之聞之)』,『존덕의(尊德義)』,『성자명출(性自命出)』,『육덕(六德)』,『어총(語叢)1』,『어총(語叢)2』,『어총(語叢)3』,『어총(語叢)4』등입니다. 이상의 편명 가운데 오행(五行)을 제외하곤 당시 붙여진 것이 없습니다.

이는 모두 죽간(竹簡)을 정리한 사람이 편의상 붙인 것입니다. 따라서 이 죽간만으로 본다면, 당시에『노자』란 책의 제목이 붙여져 있었는지 확인할 길이 없습니다. 더구나 죽간『노자』는 장으로 나뉘어져 있지 않고, 순서도 현행본의 순서와 다르며, 내용도 많이 생략되어 현행본의『노자』와 비교하면 그 일부에 해당합니다. 갑본(甲本)의 순서는 현행본의 장으로 보면, 19장, 66장, 46장의 중단과 하단으로 되어 있습니다.

또한 30장의 상단과 중단, 15장, 64장의 하단, 37장, 63장, 2장, 32장, 25장, 5장의 중단, 16장의 상단, 64장의 상단, 56장, 57장, 55장, 44장, 40장, 9장으로 되어 있습니다. 아울러 을본(乙本)의 순서를 보면 이렇습니다. 59장, 48장의 상단, 20장의 상단, 13장, 41장, 52장의 중단, 45장, 54장으로 되어 있습니다. 그리고 병본(丙本)의 순서로는 17장, 18장, 35장, 31장의 중단과 하단, 64장의 하단으로 되어 있습니다.

죽간 『노자』는 현행본 『노자』의 서른한 장에 해당하고, 장 전체가 온전히 실려 있는 것도 있고, 일부만 실려 있는 곳도 있어, 분량으로 보면 현행본의 5분의 2, 즉 40%에 해당합니다. 여하튼 죽간 『노자』의 발굴로 『노자』가 전국시대 때 쓰여졌다는 기존의 정설은 설득력을 잃게 되었습니다. 적어도 『노자』는 현행본의 형태로 존재하진 않았다 하더라도, 그 원형은 훨씬 이전부터 존재했을 가능성이 크다고 하겠습니다.

어쩌면 노자가 생존할 때부터 있었던 것이 후대의 첨삭을 거쳐 전국시대 때 우리가 오늘날 접하는 『노자』로 정해졌다고 보는 것이 합리적일 것입니다. 『논어』, 「헌문」에 보면, "어떤 사람이 '덕(德)으로 원한을 보답하면 어떻습니까?'라고 물었을 때, 공자는 '무엇으로 덕에 보답하겠느냐? 곧은 마음[直]으로 원한에 보답하고, 덕으로 덕에 보답해야 한다.'고 답했다."는 말이 나옵니다. 여기서 '눈여겨 볼만한 점'이 있습니다.

즉 '덕(德)으로 원한을 보답하면 어떻습니까?'란 구절입니다. 이는 『노자』 63장에 나오는 말입니다. 따라서 공자(孔子)가 살던 시기에 이미 노자 사상(老子思想)이 널리 퍼져 있었음을 짐작할 수 있는 대목입니다. 또 죽간 『노자』엔 현행본 『노자』 가운데 일부분만 수록되어 있고, 그 편차도 전혀 다릅니다. 이 같은 사실관계를 통해 보면 춘추시대 혹은 전국시대 때는 현행본과 같은 『노자』가 없었음을 말해준다 하겠습니다.

만일 현행본의 『노자』가 당시에 존재했고, 죽간 『노자』의 편자가 나타나 거기서 발췌한 것이라고 한다면, 차례가 이렇게 뒤죽박죽될 수 없기 때문입니다. 소결하면, 춘추시대 혹은 전국시대 때 이미 『노자』의 사상이 널리 퍼졌으며, 전국시대 말기에 접어들어 이 『노자』에 다른 명언들을 첨가하여 현행본의 『노자』가 성립됐을 것으로 짐작이 됩니다. 그러므로 죽간 『노자』를 통해 '후대에 끼어든 것을 확인해야' 합니다.

다시 말해 죽간 『노자』를 통해 후대에 끼어 들어간 것이 어떤 부분이며, 어떤 사상가의 것들인지를 역으로 추적할 필요가 있다고 하겠습니다. 아무튼 죽간 『노자』나 백서 『노자』 등이 귀족(貴族)들의 무덤에서 출토되는 점으로 미루어 본다면, 전국시대에서 한대(漢代)에 걸쳐 『노자』가 귀족들 사이에 많이 읽혔고, 특히 귀족들의 자제들에게 사부(師父)들이 교육시킬 때 교과서로 널리 사용된 것으로도 짐작하게 합니다.

『노자(老子)』 판본

『노자』는 상·하 두 편으로 나뉘져 있었을 뿐, 장을 나누진 않았습니다. 이것을 한(漢)나라 문제(文帝) 때 하상공(河上公)이 주석을 하면서 81장으로 나누었습니다. 그는 상편을 1장부터 37장까지, 하편을 38장부터 81장까지로 분류하고, 장마다 제목을 부여했던 것으로 전합니다. 또 성제(成帝) 때 엄준(嚴遵)은 72장으로 나누었고, 위진남북조시대(魏晉南北朝時代) 때 위나라의 왕필(王弼)은 다시 81장으로 나누었습니다.

당(唐)나라 현종(玄宗)은 장구를 고쳐 도(道)를 설한 것은 상편, 덕(德)을 설한 것은 하편으로 모아 이른바 도덕경(道德經)으로 칭했고, 원(元)나라 때의 오징(吳澄)은 68장으로 나누었습니다. 노자의 판본은 그 수를 헤아릴 수 없을 정도로 많습니다. 육조시대(六朝時代)의 것에서부터 당(唐)나라의 필사본도 있고, 당(唐)과 송(宋), 원(元)대의 석각본(石刻本)도 있습니다. 여기서 '현행본 『노자』는 왕필본'을 들 수 있습니다.

다시 말해 현행본 『노자』 가운데 가장 널리 퍼진 것은 왕필본(王弼本)과 하상공본(河上公本)입니다. 그런데 이 두 본에선 글자가 서로 다른 것이 상당수 있어서, 어느 것이 원래 문자인지는 알 수 없습니다. 수지(隋志)에 따르면, 왕필은 산양(山陽) 고평(高平) 사람으로 자(字)는 보사(輔嗣)라 합니다. 위진남북조가 시작되는 위(魏)나라 문제(文帝)[曹丕] 황초(黃初) 7년[226년]

에 태어나, 상서랑(尙書郞) 지위를 받았습니다.

그러다 위왕방(魏王芳)의 정시(正始) 10년[249년]에 24세의 나이로 요절했습니다. 그의 노자주(老子注)와 주역주(周易注)가 유명합니다. 역시 위진 남북조 시대인 진(晉)나라의 갈홍(葛洪: 284~363)이 지은 『신선전(神仙傳)』에 따르면, 한(漢)나라 문제(文帝) 때 황하(黃河) 가에 은자(隱者)가 있었는데, 그는 풀을 엮어 암자를 만들고, 늘 『노자』를 읽었습니다. 어느 날 문제(文帝)가 '그를 불렀으나 응하지 않았다'고 합니다.

문제가 직접 그를 찾아, "나의 영토 안에 사는 한 나의 신하다. 그런데 왜 명령에 따르지 않는가?"라며 질책했습니다. 이에 은자는 몸을 날려 공중에 앉아, 자신은 문제의 신하가 아님을 보여주었습니다. 놀란 문제가 용모를 바로잡고 사죄한 뒤 공손히 간청하자, 비로소 청에 응해서 두 권을 주고 이름도 알리지 않은 채 몸을 숨겼습니다. 이후 그가 하상공(河上公)으로 불렸고, 오늘날 통용되는 하상공본 『노자』입니다.

『노자』의 연구서와 해설서는 많습니다. 헤아릴 수 없을 만큼 차고 넘칩니다. 우선 **중국**에선 한나라 때부터 시작이 되었습니다. 한말(漢末) 현학(玄學)이 일어나고, 도교(道敎)가 발생하면서 노자연구서는 다양하게 배출됩니다. 대표적으로 한(漢)나라 때 하상공(河上公)이 편찬한 『노자주(老子注)』와 한나라의 엄준(嚴遵)이 편찬한 『도덕지귀론(道德指歸論)』, 위(魏)나라의 왕필(王弼)이 편찬한 『노자주(老子注)』가 있습니다.

또 남제(南齊) 고환(顧歡)이 편찬한 『도덕진경주소(道德眞經注疏)』, 당(唐)의 현종(玄宗)이 편찬한 『도덕경주(道德經注)』, 당(唐) 여암(呂嵒)이 편찬한 『도덕경해(道德經解)』, 당(唐) 왕진(王眞)이 편찬한 『도덕경론병요의(道德經論兵要義)』, 송(宋)의 소철(蘇轍)이 편찬한 『도덕경해(道德經解)』, 송(宋)의 임희일(林希逸)이 편찬한 『노자권재구의(老子鬳齋口義)』, 송(宋)의 갈장경(葛長庚)이 편찬한 『도덕보장(道德寶章)』이 있습니다.

당(唐) 장군상(張君相)이 편찬한 『도덕진경전(道德眞經傳)』, 금(金) 구재질(寇才質)이 편찬한 『도덕진경고도집해(道德眞經古道集解)』, 원(元) 이도순(李道純)이 편찬한 『도덕회원(道德會元)』, 원(元) 두도견(杜道堅)이 편찬한 『도덕현경원지(道德玄經原旨)』, 원(元) 임지견(林志堅)이 편찬한 『도덕진경(道德眞經)』, 원(元) 오징(吳澄)이 편찬한 『도덕진경주(道德眞經注)』, 명(明)의 초횡(焦

竑)이 편찬한 『노자익(老子翼)』이 있습니다.

　명(明)의 심일관(沈一貫)이 편찬한 『도덕경(道德經)』과 『노자통(老子通)』, 명(明)의 주득지(朱得之)가 편찬한 『노자통의(老子通儀)』, 명(明) 진원윤(陳元贇)이 편찬한 『노자통고(老子通考)』, 명(明)의 곽양한(郭良翰)이 편찬한 『도덕경회해(道德經薈解)』, 명(明)의 왕도(王道)가 편찬한 『노자억(老子億)』, 청(淸)의 세조(世祖)가 편찬한 『어주도덕경(御注道德經)』, 청(淸)의 서대춘(徐大椿)이 편찬한 『도덕경주(道德經注)』가 있습니다.

　또 청(淸)의 주맹상(朱孟嘗)이 편찬한 『도덕경설오(道德經說奧)』, 청(淸) 황원어(黃元御)가 편찬한 『도덕경현해(道德經懸解)』, 청(淸) 장이기(張爾岐)가 편찬한 『노자설약(老子說略)』, 청(淸) 위원(魏源)이 편찬한 『노자본의(老子本義)』, 청(淸) 필원(畢沅)이 편찬한 『도덕경고이(道德經攷異)』, 청(淸) 정복보(丁福保)가 편찬한 『도덕경전주(道德經箋注)』, 청(淸) 노문초(盧文弨)가 편찬한 『노자음의고증(老子音義考證)』이 있습니다.

　청(淸)의 엄가균(嚴可均)이 편찬한 『노자당본고이(老子唐本考異)』, 청(淸)의 마서윤(馬敍倫)이 편찬한 『노자핵고(老子覈詁)』, 청(淸)의 장석창(蔣錫昌)이 편찬한 『노자교고(老子校詁)』, 청(淸)의 주겸지(朱謙之)가 편찬한 『노자교석(老子校釋)』, 청(淸)의 고형(高亨)이 편찬한 『노자정고(老子正詁)』, 돈황본(敦煌本)의 『노자도덕경서결(老子道德經序訣)』, 당(唐)의 이영(李榮)이 편찬한 『도덕진경해의(道德眞經解義)』 등이 존재합니다.

이 밖에 오늘날 수없이 많은 연구자의 연구서가 쏟아져 나오고 있습니다만 이 정도에서 멈추도록 하겠습니다. 다음으로 **한국**에선 예로부터 『노자』와 『장자』를 애독했으나, 내놓을만한 자료는 거의 없습니다. 고려 때는 불교(佛敎)가, 조선시대에는 유교(儒敎), 즉 성리학이 국가의 정치 이념으로 부각되다 보니, 아무래도 이와 무관하지 않았던 것으로 보입니다. 그럼에도 율곡(栗谷)이 편찬한 '『순언(醇言)』이 존재'합니다.

아울러 조선의 박세당(朴世堂)은 『도덕경주(道德經注)』와 『신주도덕경(新注道德經)』을 편찬했고, 조선의 홍석주(洪奭周)는 『정노(訂老)』를 편찬했습니다. 그리고 일제강점기 때는 유영모(柳永模)가 『노자(老子)』를 순 우리말인 『늙은이』로 번역했는데, 그의 제자인 박영호가 여기에 해설을 덧붙여 『노자에세이』를 출간했습니다. 그로부터 노자에 대한 논문과 저술들은 차고 넘칩니다. 가히 노자 연구가 꽃을 피우고 있습니다.

마지막으로 **일본**에선 우리나라보다 노자(老子)에 대한 연구가 훨씬 많습니다. 그들은 에도[江戶]시대에도 성리학, 즉 주자학의 영향을 크게 받지 않은 관계로, 연구 환경이 상대적으로 좋았기 때문으로 풀이됩니다. 살펴보면 이와 같습니다. 태재순(太宰純)이 편찬한 『노자특해(老子特解)』가 있으며, 근등순정(近藤舜政)이 편찬한 『노자본의(老子本義)』, 풍포회(豊浦懷)가 편찬한 『노자망언(老子妄言)』이 존재하고 있습니다.

호기윤명(戶崎允明)이 편찬한 『노자정훈문의(老子正訓問義)』, 중야보광(重野葆光)이 편찬한 『노자해(老子解)』, 갈서질(葛西質)이 편찬한 『노자복주(老

子輯注)』, 대죽란(大竹鸞)이 편찬한 『노자고해(老子古解)』, 광뢰건(廣瀨建)이 편찬한 『노자적해(老子摘解)』, 해보청릉(海保靑陵)의 『노자국자해(老子國字解)』, 중정적덕(中井積德)이 편찬한 『노자조제략(老子雕題略)』, 태전돈(太田敦)이 편찬한 『노자전해(老子全解)』가 있습니다.

또한 택암(澤庵)이 편찬한 『도덕경강화(道德經講話)』, 파변조(波邊操)가 편찬한 『도덕경우독(道德經愚讀)』, 태전돈(太田敦)이 편찬한 『노자전해(老子全解)』, 신정우등(新井祐登)이 편찬한 『노자수필(老子隨筆)』, 마연회통(馬淵會通)이 편찬한 『도덕경강화(道德經講話)』, 김란제(金蘭齊)가 편찬한 『노자경국자해(老子經國字解)』가 있습니다. 이 밖에도 오늘날 연구한 논문과 저술은 차고 넘칩니다. '노자가 꽃'을 피우고 있습니다.

〈일러두기〉

1 원문(原文)의 특성상, 민중(民衆)과 백성(百姓)을 혼용하여 기술했습니다.

2. 원문(原文)은 현행본 『노자』를 기초로 해석했습니다.

3. 유가(儒家)의 가(家)는 제가(諸家)에서 파생된 것으로, 유가는 유교(儒教)
   와, 불가는 불교(佛教)와, 도가는 도교(道教)와 혼용하여 기술했습니다.

4. 작위(作爲)는 인위(人爲)와 다르지 않은 말이나, 문맥상 혼용하여 기술했
   습니다.

노자강의

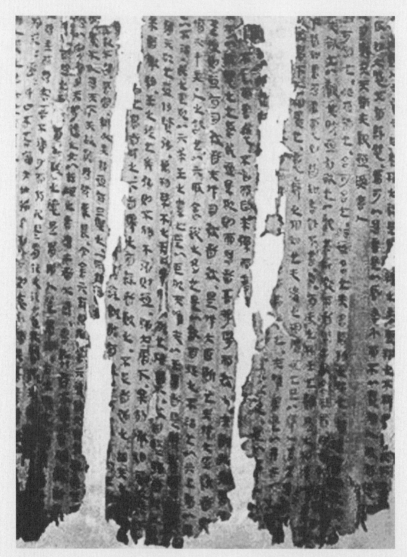

마왕퇴(馬王堆)에서 출토된 백서(帛書)[2]

---

2) 1973년 12월, 호남성(湖南省) 장사시(長沙市) 마왕퇴(馬王堆)라는 전한(前漢)시대 고분(古墳)에서 비단에 적힌 『노자』 텍스트가 출토됐다. 기원전 168년 무렵 축조된 것으로 추정되는 이 무덤에서 확인된 『노자』는 텍스트가 두 종류였다. 상대적으로 시대가 앞선 것을 갑본(甲本)이라 하고, 나머지 하나를 을본(乙本)이라 한다.

道經

도
경

제1장 : 진리

도(道)가 말해질 수 있다면 항상 된 도[常道]가 아니다. 명(名)이 이름지어 질 수 있다면 항상 된 이름[常名]이 아니다. 무명(無名)은 천지의 시작이고, 유명(有名)은 만물의 어머니다. 그러므로 항상 무욕(無欲)하면 그 신묘함을 보고, 항상 유욕(有欲)하면 그 구별함을 본다. 이 두 가지는 같은 곳에서 나왔으나 이름은 다르다. 같이 현(玄)이라 하니, 현묘하고 또 현묘한 것, 모든 신묘함의 문(門)이다.

| 원문 |

道可道, 非常道. 名可名, 非常名. 無名, 天地之始, 有名, 萬物之母. 故常無欲, 以觀其妙, 常有欲, 以觀其徼. 此兩者, 同出[3]而異名, 同謂之玄,[4] 玄之又玄, 衆妙之門.

| 자해 |

* 도(道): 도가도(道可道)에서 '앞의 도'는 체(體)를 말하고, '뒤의 도'는 '말의 세계'를 뜻한다. 욕(欲): 의미를 만들어내는 모든 기능. 묘(妙): 신묘함,

---

3) 동출(同出), 즉 만물은 '같은 곳에서 나온 것'으로 인식하기 때문에 동양에선 이른바 일원론(一元論)으로 부른다.
4) 도(道)가 밝게 드러나면 도가 아니고, 말에 분변하는 것이 있으면 미치지 못하는 바가 있다. 『莊子』, 「齊物論」.

즉 상(象)을 구성하지 않음. 요(徼): 구하다, 돌아보다, 구별하다, 묘(妙)의 반대 개념. 현(玄): 흑색이 본래 뜻이나 노자에선 가물가물한 것, 보통사람 눈엔 거의 보이지 않음, 장자(莊子)의 '어떤 인위도 없는 자연 그대로의 세계', 즉 무하유지향(無何有之鄕)과 같은 뜻이다.

| 해영 |

도(道)는 본체[體]를 가리키고, 명(名)은 작용[用]을 가리킵니다. 즉 도(道)는 명(名)을 작용으로 하고, 명(名)은 도(道)를 본체로 합니다. 따라서 본체와 작용, 이 둘은 서로 떨어질 수 없습니다. 말하자면 도(道)만으로 '도'가 된다면 '작용이 없어' 본체 스스로 확립할 수 없으므로 항상 된 '도'가 될수 없고, 반면 명(名)만으로 '명'이 된다면 '본체가 없어' 작용 스스로 이뤄질 수 없으므로 항상 된 '명'이 될 수 없는 것입니다.

무명(無名)의 본체는 이(理)가 천지에 앞서 갖춰지는 것이고, 유명(有名)의 작용은 상(象)이 만물의 초기에 생겨나는 것입니다. 따라서 본문에서 상(常)과 무(無)는 상도(常道)와 무명(無名)을 '본체'로 병칭(竝稱)하는 것입니다. 말하자면 여기서 보고자 하는 것은 지극히 묘(妙)한 이치, 즉 이(理)가 모든 현상[萬象]을 포함한다는 것입니다. 마찬가지로 상유(常有)는 상명(常名)과 유명(有名)을 '작용'으로 병칭하는 것입니다.

박세당(朴世堂)[5]은 도(道)를 체(體)로, 명(名)을 용(用)으로 분속시키고, 동

---

5) 박세당(1629~1703)은 4살 때 부친이 작고하자 편모 밑에서 원주와 안동, 청주, 천안 등지

시에 체(體)와 용(用)이 상호 분리될 수 없다고 했습니다. 또한 체(體)를 이(理)로, 용(用)을 상(象)으로 연결시키면서 다시 이(理)와 상(象)이 분리될 수 없다고 합니다. 결국 도(道)와 상도(常道), 무명(無名)은 체(體)로 설명하고, 명(名)과 상명(常名), 유명(有名)은 용(用)에 해당하는 것으로 보며, 이(理)와 상(象)으로 이들의 관계를 설명한 것입니다.

불교에 태장계만다라(胎藏界曼茶羅)라는 말이 있습니다. 여기서 태장(胎藏)이란 모태(母胎), 즉 자궁(子宮)을 의미합니다. 태아가 어머니의 자궁에서 점차 성장하다 탄생하는 것을 비유합니다. 이기동(李基東)[6]도 다르지 않게 봅니다. 사람의 몸은 본래 자연물로, 처음엔 누구나 작은 단세포에서 출발합니다. 이것이 세포분열을 거듭하면서 현재의 몸이 되는 것입니다. 따라서 현재의 몸은 '엄청난 세포분열의 결정체'입니다.

를 전전하다 13세에 고모부인 정사무(鄭思武)로부터 수학했다. 1660년에 증광 문과에 장원해 성균관 전적에 제수되고, 이후 예조좌랑과 병조좌랑, 정언, 병조정랑, 지평, 홍문관교리 겸 경연시독관, 함경북도 병마평사(兵馬評事) 등 내·외직을 역임했다. 한편 1668년 서장관(書狀官)으로 청나라를 다녀오기도 했으나, 당쟁(黨爭)의 소용돌이 속에서 맏아들 박태유(朴泰維)와 둘째 아들 박태보(朴泰輔)를 잃었다. 이후 여러 차례 출사 권유에도 양주 석천동에서 농사지으며 학문 연구와 제자 양성에만 힘썼다.

6) 1951년 경북 청도에서 태어나 성균관대학교 유학과를 졸업했고, 일본 쓰쿠바 대학교에서 문학박사 학위를 받았다. 이후 1985년부터 2017까지 성균관대학교 유학·동양학과에서 유학 및 동양철학을 폭넓게 강의했고, 유학대학 학장과 대학원장을 역임했다. 2023년 현재, 명예교수로 재직하면서, 인문학 강사로 널리 활약하고 있다. 주요 저서론 『한국의 위기와 선택』, 『사서삼경 강설』, 『동양 삼국의 주자학』, 『기독교와 동양사상』, 『공자』, 『노자』, 『장자』, 『이색』, 『이토오진사이』, 『천국을 거닐다, 소쇄원』, 『나의 서원 나의 유학』, 『진리란 무엇인가』, 『유학 오천년』 등이 있다.

하지만 우리 몸[身]은 여전히 자연물에서 벗어나지 않습니다. 배고프면 먹고, 피곤하면 쉬며, 밤엔 자고 해가 뜨면 일어납니다. 이렇게 살아가는 동안 늙고 병들어 죽습니다. 또 새는 날고 물고기는 헤엄칩니다. 이런 모든 현상이 자연입니다. 자연에선 삶과 죽음도 따로 없습니다. 움직인다고 살아 있고, 움직임이 없다고 죽은 것으로 보지 않습니다. 같으면서도 다르고, 다르면서도 같은 것입니다. '자연은 이런 것'입니다.

이렇게 살아가는 사이 어느덧 의식(意識)하기 시작했습니다. '나'를 의식한 것입니다. '나'를 의식함으로써 삶의 내용은 크고 넓게 변화되기에 이릅니다. '나'로부터 '너'를 의식하고 급기야는 '내 것'과 '네 것'을 구별하기에 이르렀습니다. 이쯤 되면 경쟁은 불가피합니다. 이른바 가짜가 속출합니다. 본래 세계와 가공의 세계가 혼재합니다. 이제 다시 본래의 세계로 되돌려야 합니다. 노자가 일러주는 지혜(智慧)입니다.

제2장 : 상대성 초월

천하 사람들은 모두 아름다운 것을 아름다운 것으로 알지만 이것은 추할 뿐이다. [또 천하 사람들은] 모두 선(善)한 것을 선한 것으로 알지만 이것은 선하지 않을 뿐이다. 그러므로 유(有)와 무(無)는 서로 낳고, 어려움[難]과 쉬움[易]은 서로 이루며, 긺[長]과 짧음[短]은 서로 비교하고, 높음[高]과 낮음[下]은 서로 차이가 나며, 음(音)과 성(聲)은 서로 조화를 이루며, 앞[前]과 뒤[後]는 서로 따른다. 이 때문에 성인(聖人)은 무위(無爲)의 일을 처리하고, 말없는 가르침을 행한다. 만물이 새로 만들어져도 사양하지 않고, 낳아 주되 소유하지 않으며, [남을] 위해 주되 바라지 않고, 공(功)이 이뤄져도 거기에 머물지 않는다. 오직 머물지 않기 때문에 [선함과 아름다움이 그에게서] 떠나지 않는 것이다.

| 원문 |

天下皆知美之爲美, 斯惡已.[7] 皆知善之爲善, 斯不善已. 故有無相生, 難易相成, 長短相較, 高下相傾, 音聲[8] 相和, 前後相隨. 是以聖人處無爲之事, 行

---

[7] 세상 사람들은 아름다운 것이 본래 아름답다고 알고 있지만, 왕필(王弼: 226~249)은 이를 간단히 해석한다. 즉 유무(有無)가 상생하듯 미추(美醜)도 상생한다고 풀어낸다.

[8] 음(音)은 선율(旋律)과 박자를 갖춘, 즉 작위적인 소리를 뜻하고, 성(聲)은 물체가 부딪쳐 나는 소리나 새의 울음소리 등이 들리는 것을 의미한다.

不言之敎.[9] 萬物作焉而不辭, 生而不有,[10] 爲而不恃. 功成而不居, 夫唯不居, 是以不去.

| 자해 |

＊오(惡): 미워하다, 추하다. 사(辭): 사양하다. 시(恃): 바라다, 믿다, 의지하다. 거(居): 머물다.

| 해영 |

초가치론의 반대인 가치론(價値論)입니다. 이런 사상적 바탕이 존재함에 따라 불교(佛敎)가 유입될 수 있었습니다. 여하튼 노자가 문제 삼는 건 의식을 구조화한다는 것입니다. 즉 사물을 있는 그대로 보지 않고, 구별한다는 것입니다. 구별하는 순간 사물은 객관적으로 존재할 수 없습니다. 아름다움이나 선함은 인간들이 규정한 것으로, 사물의 본질과는 아무 관련이 없습니다. 사물을 있는 그대로 볼 것을 일러줍니다.

---

9) 최치원(崔致遠)이 쓴 화랑(花郎)의 『난랑비서(鸞郎碑序)』에 보면, '國有玄妙之道, 曰風流 … 處無爲之事, 行不言之敎.' 등의 구절이 나온다. 『三國史記』, 卷4, 新羅本紀 第4, 眞興王 37年條.
10) 천지(天地)는 위대하다. 낳으면서도 자식으로 삼지 않고, 이루면서도 소유하지 않는다. 『呂氏春秋』, 「孟春紀·貴公」.

제3장 : 정치의 지혜

　[지도자가] 현명함을 숭상(崇尙)하지 않으면 민중들이 다투지 않게 되고, [지도자가] 얻기 어려운 재화를 귀하게 여기지 않으면 민중들이 도둑질하지 않게 되며, [지도자가] 욕망을 드러내지 않으면 민중들의 마음도 심란하지 않게 된다. 이 때문에 성인(聖人)의 다스림은 마음을 비우고, 배를 채우며, 뜻을 약하게 하고, 뼈를 강하게 한다. 항상 민중들로 하여금 무지(無知)하고 무욕(無欲)하게 하며, 지혜로운 자들로 하여금 감히 작위(作爲)하지 못하게 한다. 무위(無爲)를 실천하면 다스려지지 않음이 없다.

| 원문 |

　不尙賢, 使民不爭,[11] 不貴難得之貨, 使民不爲盜, 不見可欲, 使民心不亂. 是以聖人之治, 虛其心, 實其腹, 弱其志, 強其骨. 常使民無知無欲, 使夫智者不敢爲也. 爲無爲, 則無不治.

| 자해 |

　* 상(尙): 숭상하다. 현(賢): 현명하다, 현명한 사람. 난(難): 어렵다. 화(貨): 재물. 허(虛): 비우다. 복(腹): 배.

---

11) 지덕(至德)의 세상에선 능력 있는 자를 높이지 않았고, 재능 있는 자에게 일을 맡기지 않았다. 윗사람은 작은 나뭇가지 같았고, 민중은 들판의 사슴 같았다. 『莊子』, 「天地」.

| 해영 |

  정치(政治)와 사회론(社會論)입니다. 인간의 역사는 투쟁의 역사입니다. 투쟁은 혼란을 동반합니다. 혼란의 원인은 대체로 도둑질입니다. 작게는 남의 것을 훔치는 것이지만, 크게는 나라를 훔치는 것입니다. 이런 과정에서 혼란은 불가피합니다. 이에 노자는 혼란한 세상을 바로 잡는 근본 방안을 논(論)한 것입니다. 지도자의 무위와 구성원의 무위가 하나가 된다면, 사회의 모든 조직은 혼란에서 안정으로 회귀할 것입니다.

제4장 : 빔의 기운

도(道)는 비어 있어 아무리 써도 넘치는 일이 없다. 깊고 깊어 만물의 근원인 듯하다. 날카로움을 무디게 하고, 분란을 해소하며, 지혜의 빛을 조화롭게 하며, 세속의 먼지와도 함께 한다. 맑고 맑아 혹 있는 듯하다. 나는 [도(道)가] 누구의 자식인지 알 수 없으나, 상제보다 먼저인 듯하다.

| 원문 |

道沖¹²⁾而用之, 或不盈.¹³⁾ 淵兮, 似萬物之宗. 挫其銳, 解其紛, 和其光, 同其塵. 湛兮, 似或存. 吾不知誰之子, 象帝¹⁴⁾之先.

| 자해 |

* 도(道): 알 수 없는, 인식세계 밖에 존재하는 도(道). 충(沖): 비어 있음, 허(虛)와 통용. 연혜(淵兮): 깊고 깊음. 종(宗): 근원, 근본. 좌(挫): 무디게 하다. 화(和): 조화롭게 하다, 부드럽게 하다. 광(光): 빛, 번뜩이는 지혜. 진(塵): 먼지, 티끌, 세속. 담혜(湛兮): 맑고 맑음. 부지수지(不知誰之): 누군지 정체를 모름. 상(象): 사(似)와 통용. 제(帝): 물(物)과 통용.

---

12) '비어 있다는 것'은 역으로 생각하면, 모든 것이 함께 존재한다는 말이기도 하다.
13) 현명한 임금은 나라가 클수록 더욱 조심하고, 나라가 강할수록 더욱 두려워한다. 『呂氏春秋』, 「愼大覽·愼大」.
14) 상제(象帝)를 상제(上帝)로 해석하기도 한다.

　사람의 기(氣)는 우주의 기(氣)와 다르지 않습니다. 따라서 사람이 우주의 그것과 동일하게 여기고 움직인다면 지치는 일은 없을 것입니다. 가령 사람이 만든 길[道]은 사람들의 선호에 따라 종종 정체가 되기도 합니다. 하지만 자연의 길[道]은 정체되는 일이 없습니다. 밤이고 낮이고 사계절을 순환하면서도 쉬거나 멈추는 일이 없습니다. 만물도 마찬가지입니다. 결코 엇나가지 않습니다. 근원[뿌리]이 같기 때문입니다.

제5장 : 천지불인(天地不仁)

　천지(天地)는 어질지 않으니, 만물을 풀로 만든 개로 여긴다. 성인(聖人)은 어질지 않으니, 백성을 풀로 만든 개로 여긴다. 하늘과 땅 사이는 마치 풀무와 같구나. 비어 있되, 굴하지 않고, 움직일수록 더 [바람이나 소리] 나는구나. 말이 많으면 자주 궁(窮)하니, 중(中)을 지키는 것만 못하다.

| 원문 |

　天地不仁,[15] 以萬物爲芻狗. 聖人不仁, 以百姓爲芻狗. 天地之間, 其猶橐籥[16] 乎. 虛而不屈, 動而愈出. 多言數窮, 不如守中.

| 자해 |

　* 이~위~(以~爲~): ~을 ~으로 삼다, ~으로써 ~을 삼다. 위(爲): 여기다, 삼다. 추구(芻狗): 풀로 만든 개[狗], 즉 일종의 인형으로 주로 제사지낼 때 장식으로 사용한다. 유(猶): 마치 ~와 같다. 탁(橐): 풀무. 약(籥): 피리. 탁약(橐籥): 대장간에서 바람을 내는 기계로 속이 텅 비어있음. 굴(屈): 굴하다,

---

15)　하늘은 사람이 추위를 싫어하기 때문에 겨울을 거둬가는 것이 아니다. 땅은 사람이 먼 것을 싫어하기 때문에 광야(廣野)를 가리는 것이 아니다. 『荀子』, 「天論」.
16)　탁약(橐籥)은 풀무와 피리로, 속이 텅 비어 있으며, 감정도 작위도 없기 때문에 비어 있지만, 수그러짐도 없고, 움직이지만 다 사라지지도 않는다. 하늘과 땅의 중간은 텅 비어 스스로 그러함[자연]에 맡기므로, 다할 수 없는 것이 마치 풀무와 피리 같다고 보는 것이다.

꺾이다. 유(愈): 더욱. 삭(數): 자주.

| 해영 |

사람들은 자식을 사랑하고, 제자를 사랑하고, 부하를 사랑하는 듯합니다. 하지만 이런 사랑은 대체로 욕심이 동반된 사랑입니다. 그러나 천지(天地) 자연은 이와 같은 사랑이 아닙니다. 마치 추구(芻狗)처럼 여깁니다. '추구'란 제사 때 짚으로 만든 일종의 개입니다. 따라서 제사를 마치면 더이상 쓸모가 없기 때문에 길에다 버립니다. 이와 같이 자연의 사랑은 만물을 방치하듯 합니다. 좋고 나쁜 것을 가리지 않습니다.

성인(聖人)의 불인(不仁)도 다르지 않습니다. 백성을 추구로 여깁니다. 가령 유가(儒家)에선 "하늘이 백성을 내리셔 임금을 만들고 스승을 만든 까닭은 하늘을 도와 사방(四方)을 사랑케 한 것이니…"[17]라 했고, 기독교에선 "하나님이 세상을 이처럼 사랑하사 독생자(獨生子)를 주셨으니…"[18]란 표현도 있습니다. 하지만 사람이 제대로 성장하기 위해선 어떤 형태로든 독자적으로 지혜를 터득해 세상과 호흡해야 합니다.

예컨대 위대한 인물들은 공통점이 있습니다. 즉 양친의 사랑을 듬뿍 받으며 살지 못했다는 사실입니다. 공자(孔子)와 맹자(孟子)가 그러했고, 한국의 대표적인 사상가인 퇴계(退溪)도 그랬습니다. 위인과는 거리가 멀지

---

17) 『書經』, 「周書, 泰誓」.
18) 『성경』, 「요한복음」, 3장 16절.

만, 저[김해영]의 삶 또한 크게 다르지 않습니다. 이처럼 공동체를 살려 나가는데 크게 기여(寄與)한 인물들을 보면, 하나같이 성인(聖人)의 사랑을 받지 못했습니다. 성인의 삶은 자연의 삶이기 때문입니다.

제6장 : 생명의 문

계곡의 신(神)은 죽지 않으니, 이것을 현묘한 암컷이라 한다. 현묘한 암컷의 문을 천지[자연]의 뿌리라 한다. 있는 듯 없는 듯 면면히 이어지면서 아무리 써도 지치지 않는다.

| 원문 |

谷神不死,[19] 是謂玄牝. 玄牝之門, 是謂天地根. 綿綿若存, 用之不勤.

| 자해 |

* 곡신(谷神): 계곡의 신, 골짜기 신. 곡(谷): 허(虛)와 통용. 신(神): 묘(妙)와 통용. 현(玄): 현묘하다. 빈(牝): 암컷. 면(綿): 잇다. 약존(若存): 있는 듯 없는 듯. 불근(不勤): 지치지 않다.

| 해영 |

노자는 생명의 문을 계곡, 즉 골짜기에 비유했습니다. 여기서 골짜기는

---

19) 도가(道家)의 종합주의라 평가받는 『회남자(淮南子)』에선 노자(老子)의 뜻을 따르지 않는다. 즉 산(山)은 덕을 쌓고, 내[川]는 형벌을 쌓는다. 높은 것은 삶을 주로 하고, 낮은 것은 죽음을 주로 한다. 구릉은 수컷이고, 계곡은 암컷이라 한다. 이처럼 『회남자』에선 노자가 좋아하는 이미지에 부정적 내용을 부과한다. 노자는 산을 이야기하지 않았고, 높은 것보다는 낮은 것을, 수컷보다는 암컷을 선호한 것과 배치되는 것이다.

장자의 혼돈(渾沌)과 다르지 않습니다. 구별되지 않을 뿐 아니라 드러내지도 않습니다. 그래서 현묘한 골짜기로 표현합니다. 마치 구름 속에 숨어 있는 도(道)와 같습니다. 그래서 신묘(神妙)함마저 듭니다. 그것은 있는 듯 없는 듯하나 엄연한 생명력이 존재하고 또 지속합니다. 아무리 써도 피곤하거나 지치지도 않습니다. 자연의 도는 이런 것입니다.

제7장 : 무기(無己)

천지(天地)는 장구(長久)하다.[20] 천지가 오래갈 수 있는 것은 스스로의 삶을 도모하지 않기 때문에 장생(長生)할 수 있는 것이다. 이 때문에 성인(聖人)은 자신을 앞세우지 않는데도 앞서게 되고, 자신을 도외시하는데도 보존된다. 그것은 사사로움이 없기 때문이 아니겠는가. 그러므로 능히 그 사사로움도 이룰 수 있다.

| 원문 |

天長地久.[21] 天地所以能長且久者, 以其不自生, 故能長生. 是以聖人, 後其身而身先, 外其身而身存. 非以其無私邪. 故能成其私.

| 자해 |

* 자생(自生): 자사(自私)와 통용. 즉 스스로 삶을 도모하지 않음을 뜻함.
성기사(成其私): 사사로움을 이룰 수 있다는 것에 대해, 왕필(王弼)은 '자신

---

20) 김홍경은 천장지구(天長地久)에 대해 이렇게 설명한다. "하늘은 길고, 땅은 오래간다'는 것은 모양과 시간을 말하는 것이다. 즉 하늘은 시간을 기준으로 움직이기 때문에 모양에서 부족하다는 혐의가 있고, 땅은 모양으로 움직이기 때문에 시간에서 부족하다는 혐의가 있다. 이 혐의를 벗기 위해 역으로 말한 것이다." 김홍경, 『노자』, 들녘, 2003, 590쪽.
21) 제나라 경공(景公)이 안자(晏子)에게 물었다. "반듯한 정치를 해서 장구(長久)할 수 있다면 어떻게 해야 하는가?" 안자가 답했다. "그 행함은 물[水]과 같은 것입니다." 『晏子春秋』, 「內篇, 問下」.

이 앞에 있게 되고', '자신을 보존하게 되는' 것으로 해석했다.

| 해영 |

노자는 장자(莊子)와 달리 처세적인 부분도 있습니다. 여기서 볼 수 있습니다. 즉 '나'를 뒤로 하면 '내'가 앞서고, '나'를 도외시하면 '내'가 보존되며, '나'를 버릴 때 오히려 '나'를 이룬다는 것 등이 그렇습니다. 아무튼 노자는 '나'란 의식을 버리고, 자연의 삶을 권합니다. 자연은 앞서기 위해 다투거나 대립하지 않습니다. 때에 맞춰 순환하면서 삽니다. 새가 날고, 물고기가 헤엄치면서도 의식하지 않는 삶을 강조합니다.

제8장 : 최선(最善)

    최상의 선(善)은 물과 같다. 물은 만물을 이롭게 하면서도 다투지 않고, 뭇 사람들이 싫어하는 곳에 처하므로 도(道)에 가깝다. 거처는 지세(地勢)를 잘 따르고, 마음은 연못의 고요함을 따르며, 사람[사물]들과 함께 할 때는 어짊[仁]을 따르고, 말은 신의(信義)를 따르며, 정사(政事)는 다스려짐을 따르고, 일[業]은 능숙함을 따르며, 움직임은 때[時]에 적중한다. 오직 다투지 않으니, 허물이 없다.

| 원문 |

    上善若水. 水善利萬物而不爭, 處衆人之所惡, 故幾於道.[22] 居善地, 心善淵, 與善仁, 言善信, 正善治, 事善能, 動善時. 夫唯不爭, 故無尤.

| 자해 |

    * 오(惡): 싫어하다. 소오(所惡): 싫어하는 곳. 기(幾): 거의, 가깝다. 거(居): 거처하다. 여(與): 더불다, 함께하다. 정(正): 정(政)과 통용. 치(治): 다스리다, 다 살리다. 우(尤): 허물.

---

[22] 무릇 군사(軍士)의 모습은 물과 같다. 물의 움직임은 높은 곳을 피하고, 아래로 달려간다. 군사의 모습은 실(實)한 곳을 피하고, 허(虛)한 곳을 공격한다. 물은 땅의 모양을 따라 흐르고, 병사는 적(敵)의 움직임을 따라 승리한다. 『孫子兵法』, 「虛實」.

　최상의 선(善)은 역시 도(道)의 삶입니다. 노자는 물을 통해 '도(道)의 모습을 표현'합니다. 물이 없다면 어떤 생명도 존재할 수 없습니다. 그럼에도 물은 자신의 공(功)을 내세우거나 드러내지 않습니다. 늘 낮은 곳에 거처하면서 삶을 도탑게 합니다. 마치 사람들과 있으면 인자한 듯하고, 말을 하면 신뢰가 가며, 정치를 하면 바르게 다스려지고, 일을 하면 능숙하며, 움직이면 때에 적중합니다. '자연의 삶'을 일러줍니다.

제9장 : 자연의 길

귀한 것을 붙들고 있으면서 더 채우려는 것은, 차라리 그만 두는 것만 못하다. 다듬어 뾰족하게 하면, 오래 보존할 수 없다. 금(金)과 옥(玉)이 집에 가득하면 누구도 그것을 지킬 수 없고, 부귀(富貴)함에도 교만하면 스스로 허물을 남긴다. 공(功)이 이뤄지면 물러나는 것이 하늘의 도(道)다.

| 원문 |

持而盈之, 不如其已.[23] 揣而梲之, 不可長保. 金玉滿堂, 莫之能守, 富貴而驕, 自遺其咎. 功遂身退, 天之道.

| 자해 |

* 지(持): 붙들다, 덕(德)을 잃지 않다. 이(已): 그치다, 그만두다. 췌(揣): 다듬다, 단련하다, 손으로 헤아리다. 탈(梲): 날카롭다, 뾰족하다. 교(驕): 교만하다. 유(遺): 남기다. 구(咎): 허물. 수(遂): 다하다, 이뤄지다. 천(天): 하늘, 자연.

---

23) 총명하고 지혜로우면서도 어리석음으로 지키고, 공(功)이 천하를 뒤덮는데도 퇴양(退讓)으로 지키며, 용맹과 힘은 세상을 어루만지는데도 비겁함으로 지키고, 부유함은 사해(四海)를 가질만한데도 겸손으로 지키는 것, 이것이 이른바 물을 뜨면서 조금 덜어내는 도(道)다. 『荀子』, 「宥坐」.

| 해영 |

  욕심은 끝이 없습니다. 계속 채우려 합니다. 만족(滿足)을 모릅니다. 만족을 모르는 삶은 자칫 익사(溺死)하기 십상입니다. 뾰족하게 다듬은 것이나, 금옥(金玉)을 방에 가득 채우면 오래 지속할 수 없는 것과 같습니다. 노자는 인위(人爲)의 삶은 장구할 수 없다고 말해줍니다. 맹렬히 폭염을 내뿜던 여름[夏]도 가을[秋]을 만나면 양보하는 것처럼 자연의 삶을 일러줍니다. 자연은 이런 것입니다. 역(逆)하면 살 수 없습니다.

제10장 : 도(道)의 본체

영(營)을 백(魄)에 싣고 [혼(魂)이] 하나로 껴안는다고, 분리되지 않을 수 있겠는가. 기(氣)를 온전히 하고, 지극히 부드럽게 하면, 어린아이와 같을 수 있겠는가. 현묘한 거울의 때를 제척[除滌]한다고 흠[疵]을 없을 수 있겠는가. 민중을 사랑하고 나라를 다스리는데 무지(無知)할 수 있겠는가. 하늘의 문[天門]을 열고 닫음에 암컷이 없을 수 있겠는가. 명백히 알아 사방으로 통달했다고 작위(作爲)가 없을 수 있겠는가. [조화로 만물을] 낳고 기르지만, 낳지만 소유하지 않고, [남을] 위해 주되 바라지 않으며, 길러 주지만 주재(主宰)하지 않는 것, 이를 현묘(玄妙)한 덕이라 한다.

| 원문 |

載營魄抱一[24], 能無離乎. 專氣致柔,[25] 能嬰兒乎. 滌除玄覽, 能無疵乎. 愛民治國, 能無知乎. 天門開闔, 能爲雌乎. 明白四達, 能無爲乎. 生之畜之, 生而不有, 爲而不恃, 長而不宰, 是謂玄德.

---

24) 여기서 말하는 일(一)은 '잡된 것 하나 없이 순수한, 즉 도(道)의 본체'를 말한다.
25) 기운을 고르게 하여 신(神)과 같아지면 만물이 모두 마음속에 갖춰진다. 능히 고르게 할 수 있는가. 능히 하나로 할 수 있는가. 능히 점치지 않고 길흉(吉凶)을 알 수 있는가. 능히 멈출 수 있는가. 『管子』, 「內業」.

| 자해 |

* 재(載): 싣다. 처(處)와 통용, 즉 거처하다. 영(營): 경영하다, 혼(魂)과 통용. 재영백(載營魄): 영(營:魂)을 백(魄)에 싣다. 포(抱): 껴안다. 전(專): 오로지, 온전하다. 유(柔): 부드럽다. 척제(滌除): 깨끗이 제거하다, 깨끗이 닦아내다. 자(疵): 흠, 결점, 하자(瑕疵). 지(知): 술(術)을 써서 성공을 구하고, 수(數)를 부려 감춰둔 것을 뒤지는 것.

* 개(開): 열다. 합(闔): 닫다. 개합(開闔): 열고 닫다. 자(雌): 암컷. 능위자호(能爲雌乎): 능무자호(能無雌乎)와 통용. 달(達): 사리에 통달하다. 휵(畜): 기르다, 축(畜)으로 쓸 경우는 '쌓다'로 해석한다. 시(恃): 바라다, 믿다, 의지하다. 재(宰): 주재하다.

| 해영 |

동양에선 혼백(魂魄)을 하나로 보았습니다. 일원론(一元論)으로 부르는 이유입니다. 하지만 군이 나눠 설명하면 혼(魂)은 하늘[정신], 백(魄)은 땅[육체]으로 해석합니다. '혼백'을 다른 말로 하면 '하늘과 땅의 기운'이라 할 수 있습니다. '혼백'의 움직임을 보면 천지자연의 도(道)와 동일하게 움직입니다. 아침에 '해가 뜨면' 천지(天地)의 기운을 받아 일어나 '활동'하고, 저녁에 해가 지면 천지의 기운을 거두고 '잠'을 잡니다.

호흡(呼吸)[26]을 하게 하는 것도 마찬가지입니다. 아침에 해가 뜨면 호흡

---

26) 호흡(呼吸)을 유가(儒家)와 불가(佛家)에선 달리 해석한다. 유가에선 호(呼)를 생(生: 어머니 자궁에서 세상으로 나옴)으로, 흡(吸)을 사(死: 이 세상에서 저 세상으로 감)로 해석한다. 반

을 크게 하고, 저녁에 해가 지면 호흡을 작게 합니다. 이와 같은 모든 행태가 자연입니다. 절로 태어나 절로 성장하고, 절로 병이 들고 절로 죽음을 맞이합니다. 사실 사는 것도 죽는 것도 따로 없습니다. 따라서 즐겁거나 슬플 이유도 없습니다. 그저 천지의 기(氣)로 움직이다 천지의 기운에 따라 사라집니다. 이것이 노자가 일러주는 하나[一]입니다.

면 불가에서 호(呼)는 기(氣)가 밖으로 나간다고 하여 사(死)로 설명하고, 흡(吸)은 기(氣)가 안으로 들어오는 것이라 하여 생(生)으로 해석한다. 어떻게 해석하든 호흡(呼吸)하는 과정은 삶이란 사실이다.

제11장 : 빔의 도(道)

서른 개의 바퀴살이 하나의 곡(轂: 바퀴통)으로 모이니, 그 바퀴통이 비어 있어 수레의 쓸모가 있다. 진흙을 이겨 그릇을 만들면 그 속이 비어 있어 그릇의 쓸모가 있다. 창과 문을 뚫어 집을 만들면 그 속이 비어 있어 방[室]의 쓸모가 있다. 그러므로 유(有)가 이로운 것은 무(無)가 용(用: 쓰임)이 되기 때문이다.

| 원문 |

三十輻, 共一轂, 當其無,[27] 有車之用. 埏埴以爲器, 當其無, 有器之用. 鑿戶牖以爲室, 當其無, 有室之用. 故有之以爲利, 無之以爲用.

| 자해 |

* 폭(輻): 바퀴살. 곡(轂): 바퀴통. 무(無): 가운데 빈 공간. 연(埏): 이기다. 식(埴): 진흙. 거(車): 수레. 착(鑿): 뚫다. 호(戶): 창, 방문. 유(牖): 들창.

---

[27] 방안에 빈 공간이 없으면 며느리와 시어머니가 서로 싸우게 되고, 마음이 자연에서 노닐지 못하면 여섯 개의 구멍이 서로 싸우게 된다. 『莊子』, 「外物」.

| 해영 |

장자의 말씀입니다. 제(齊)나라 환공(桓公)[28]이 어느 날 당상(堂上)[29]에서 글을 읽는데, 윤편(輪扁)이 당하(堂下)에서 수레바퀴를 깎다 망치와 끝을 놓고 환공에게 묻습니다. "임금께서 읽으시는 것은 무엇입니까?" 환공이 답합니다. "성인(聖人)의 말씀이시다." 윤편이, "성인은 지금 살아 계십니까?" 환공이 답합니다. "이미 돌아가셨다." 윤편이 말합니다. "그럼 지금 임금께서 읽고 계신 것은 옛사람의 찌꺼기입니다."

환공이 발끈합니다. "과인(寡人)이 글을 읽는데 수레바퀴나 깎는 놈이 어찌 시비(是非)를 논한단 말인가? 이치에 맞는 말, 즉 내게 설득력이 있는 말을 하면 살려줄 것이고, 설득력이 없는 말을 하면 죽일 것이다." 윤편은 담담하게 말합니다. "저는 제가 하는 일의 경험을 가지고 말씀드리겠습니다. 수레바퀴를 깎을 때, 느슨하게 하면 헐렁해서 견고하지 않고, 꼭 알맞게 깎으면 빡빡해서 수레바퀴 기능을 하지 못합니다."

"더 깎지도 않고 덜 깎지도 않는다는 것은 손의 감각으로 터득해 마음에 호응하는 것이지, 입으론 말할 수 없습니다. 그 사이엔 익숙한 기술이

---

28) 환공(桓公: B.C.720~B.C.643)은 춘추시대 때, 제(齊)나라 16대 임금이다. 성은 강(姜), 휘는 소백(小白), 강태공(姜太公)의 12세손이며, 시호는 환공(桓公)이다. 고혜(高傒)와 포숙아(鮑叔牙)의 활약으로 공자(公子) 규(糾)와의 왕위 계승 분쟁에서 승리해 제나라 군주가 되었다. 관중(管仲)을 재상으로 삼아 제나라를 강국으로 만들었다.

29) 당(堂)의 규모는 일반적으로 전(殿)보다 약간 작은 규모에 해당한다. 당(堂)보다 아래는 합(閤)이고, 합(閤)보다 아래는 각(閣), 각(閣)보다 아래는 재(齋), 재(齋)보다 아래는 헌(軒), 헌(軒)보다 아래는 루(樓), 루(樓)보다 아래는 정(亭)으로 쓴다.

있지만, 저는 이것을 자식에게 가르칠 수 없고, 제 자식도 저에게서 배울 수 없습니다. 이 때문에 나이 칠십이 되도록 수레바퀴를 깎고 있는 것입니다. 옛사람도 그 전해줄 수 없는 것과 함께 죽었을 것입니다. 그러니 임금께서 읽고 계시는 것도 옛사람의 찌꺼기일 뿐입니다."

그렇습니다. 수레바퀴 하나에도 그 빔이 존재해야 기능을 합니다. 그릇을 만드는 것도 컵을 만드는 것도 집을 만드는 것도 모두가 빔, 즉 허(虛)를 필요로 합니다. 일각에선 존재(存在)가 존재하려면 존재의 가치가 존재해야 한다는 말씀을 합니다만 과연 다르지 않은 말씀입니다. 마찬가지로 우주가 존재하는 것, 우리 삶이 존재하는 것은 바로 빔이 존재하기 때문입니다. 빔이 없다면 우리 삶은 금방 사라질 것입니다.

제12장 : 발광(發狂)

오색(五色)은 사람의 눈을 멀게 하고, 오음(五音)은 사람의 귀를 멀게 하며, 오미(五味)는 사람의 입을 상하게 하고, 말달리며 사냥하는 것은 사람의 마음을 미치게 한다. 얻기 어려운 재화는 사람의 행실을 방해한다. 이때문에 성인(聖人)은 배[腹]를 위하지, 눈을 위하지 않는다. 그러므로 저것[인위적인 것]을 버리고 이것[자연적인 것]을 취한다.

| 원문 |

五色令人目盲,[30] 五音令人耳聾, 五味令人口爽, 馳騁畋獵令人心發狂. 難得之貨令人行妨. 是以聖人爲腹不爲目. 故去彼取此.

| 자해 |

* 오색(五色): 청적황백흑(靑赤黃白黑). 영(令): 사(使)와 통용, 즉 ~하여금. 맹(盲): 소경. 오음(五音): 궁상각치우(宮商角徵羽). 농(聾): 귀머거리, 어리석다. 오미(五味): 산고감신함(酸苦甘辛鹹). 상(爽): 상(傷)과 통용, 즉 상하다. 치빙(馳騁): 말달리다. 전렵(畋獵): 사냥하다. 발광(發狂): 미쳐가다. 방(妨): 방해하다. 복(腹): 배.

---

30) 무릇 사사롭게 보는 것은 눈을 멀게 하고, 사사롭게 듣는 것은 귀를 멀게 하며, 사사롭게 생각하는 것은 마음을 미치게 한다. 『呂氏春秋』, 「序意」.

| 해영 |

『장자』에 유사한 이야기가 있습니다. "대개 본성을 잃게 하는 다섯 가지가 있다. 좋은 빛깔이 눈을 어지럽혀 눈이 밝지 않게 되는 것이 첫째고, 좋은 소리가 귀를 어지럽혀 귀가 밝지 않게 되는 것이 둘째며, 냄새가 코를 찔러 코를 막히게 하는 것이 셋째고, 좋은 맛이 입을 더럽혀 입병이 나게 하는 것이 넷째며, 득실이 마음을 어지럽혀 본성을 사라지게 하는 것이 다섯째다. 이 다섯 가지는 모두 생을 해치는 것이다."[31]

그렇습니다. 사람의 마을을 상하게 하는 것은 다른 데 있지 않습니다. 오색(五色), 즉 청적황백흑(靑赤黃白黑)과 오음(五音), 즉 궁상각치우(宮商角徵羽), 오미(五味), 즉 산고감신함(酸苦甘辛鹹) 등이 그렇습니다. 이뿐입니까? 말을 타고 다니며 사냥하는 것도 사람의 마음을 미치게 합니다. 요즘은 낚시를 하기 위해 차를 타거나, 배를 타거나 혹은 비행기를 타고 여기저기 다니기도 합니다. 모두 본성을 해치는 일입니다.

성인(聖人)의 삶은 인간이 만들어 낸, 인위적(人爲的)인 것에 이끌리지 않습니다. 오색이나 오음, 오미 등에 오염되지 않은 삶을 이어갑니다. 말하자면 '자연의 삶을 따라가는 것'입니다. 가령 떡과 그림이 있다면, 떡을 선택하지, 그림을 선택하지 않습니다. 아이도 마찬가지입니다. 떡의 빛이나 향, 맛 등을 구별하지 않습니다. 자연의 삶은 이런 것입니다. 구별하는 순간, 인위적인 삶이 됩니다. 본성과 멀어지는 것입니다.

---

31) 『莊子』, 「天地」.

제13장 : 생명보존

총애를 받거나 욕을 당하는데 놀라는 듯하고, 큰 근심을 내 몸처럼 귀하게 여기라. 무엇이 총애를 받고 욕을 당하는데 놀란 듯이 하는 건가. 총애는 하찮은 것으로, 얻어도 놀란 듯이 하고 잃어도 놀란 듯이 한다. 이것이 총애를 받거나 욕을 당하는데 놀란 듯하는 것이다. 어떤 큰 근심을 내 몸처럼 귀하게 여기는 것인가. 내게 큰 근심이 있는 까닭은, 내게 몸이 있기 때문이며, 내게 몸이 없다면, 내게 무슨 근심이 있겠는가. 그러므로 내 몸을 천하처럼 귀하게 여긴다면 천하를 맡길 수 있고, 내 몸을 천하처럼 아낀다면 천하를 의탁할 수 있다.

| 원문 |

寵辱若驚, 貴大患若身.[32] 何謂寵辱若驚. 寵爲下, 得之若驚, 失之若驚. 是謂寵辱若驚. 何謂貴大患若身. 吾所以有大患者, 爲吾有身, 及吾無身, 吾有何患. 故貴以身爲天下, 若可寄天下, 愛以身爲天下, 若可託天下.

---

32) 천하는 중한 물건이지만 그것으로도 생(生)을 해치지 않으니, 다른 물건은 말할 것이 있겠는가. 오직 천하로 생(生)을 해치지 않는 사람에게만 천하를 맡길 수 있다. 『呂氏春秋』, 「仲春紀· 貴生」.

| 자해 |

* 총(寵): 사랑하다. 욕(辱): 욕되다. 경(驚): 놀라다. 귀(貴): 외(畏), 난(難)과 통용되는 것으로 해석하는 학자도 있지만, 여기선 일반적으로 쓰듯 '귀하게 여기다'로 해석했다. 기(寄): 맡기다. 애(愛): 아끼다. 탁(託): 의탁하다.

| 해영 |

생명의 존귀함을 역설합니다. 그렇습니다. 생명이 바탕이자 본질입니다. 생명이 사라지면 모두 사라집니다. 온갖 재물과 드높은 명예도 아무 소용없습니다. 사랑도 칭찬도 욕됨도 의미 없습니다. 오직 생명을 보존할 때만이 의미를 부여할 수 있습니다. 생명 보존은 다름이 아닙니다. 총욕(寵辱)을 떠난 자연의 삶을 구가(謳歌)하는 것입니다. 자연이 천하이고, 천하가 자연입니다. 자연에선 사랑도 욕됨도 구분하지 않습니다.

제14장 : 도기(道紀)

　보아도 보이지 않는 것을 이(夷)라 하고, 들어도 들리지 않는 것을 희
(希)라 하며, 만져도 만져지지 않는 것을 미(微)라 한다. 이 세 가지는 따
질 수 없기 때문에 섞어서 하나[道]로 삼는다. 위라 하여 밝지 않고, 아래
라 하여 어둡지 않다. 끊임없이 이어지지만 이름 할 수 없으니, 다시 아무
것도 없는 상태로 돌아간다. 이를 형상[형체] 없는 형상[형체]으로, 사물
이 없는 상(象)이라 한다. 이것은 황홀함으로, 맞이해도 그 머리를 볼 수
없고, 따라가도 그 뒤를 볼 수 없다. 옛날의 도(道)를 잡아 지금의 유(有)
를 다스린다. 아득한 태초의 시작을 알 수 있으니, 이를 도(道)의 본질이
라 한다.

| 원문 |

　視之不見, 名曰夷, 聽之不聞,[33] 名曰希, 搏之不得, 名曰微. 此三者不可致
詰, 故混而爲一.[34] 其上不皦, 其下不昧. 繩繩不可名, 復歸於無物. 是謂無狀
之狀, 無物之象. 是謂惚恍, 迎之不見其首, 隨之不見其後. 執古之道, 以御今
之有. 能知古始, 是謂道紀.

---

33)　장자는 "들으려 해도 들을 수 없고, 보려 해도 볼 수 없으나, 천지에 충만하고 육극(六極)
을 감싼다."고 하였다. 『莊子』, 「天運」.
34)　도(道)라는 것은 보려고 해도 보이지 않고, 들으려 해도 들리지 않으니, 형상을 나타낼 수
없다. 『呂氏春秋』, 「仲夏春·大樂」.

| 자해 |

* 이(夷): 평(平)과 통용. 여기선 극히 작거나 큰 것을 뜻한다. 희(希): 지(止)와 통용, 즉 고요하다. 박(搏): 만지다, 더듬다. 부득(不得): 만져지지 않다, 느껴지지 않다. 미(微): 작다. 힐(詰): 변(辨)과 통용, 분별하다. 불가치힐(不可致詰): 분별할 수 있는 흔적이 없다. 혼(混): 섞다, 섞이다.

* 일(一): 도(道)를 뜻함. 교(皦): 밝다. 매(昧): 어둡다. 승승(繩繩): 끊임없이, 면면히. 부(復): 다시. 부귀(復歸): 다시 돌아가다. 물(物): 만물(萬物).[35] 상(狀): 형상. 홀황(惚恍): 황홀하다, 존재하긴 하는데, 인식될 수 없는 것을 뜻한다. 어(御): 다스리다, 제어하다. 도기(道紀): 도의 본질.

| 해영 |

도(道)의 세계는 혼돈의 세계와 다르지 않습니다. 구별할 수도 구별되지도 않습니다. 그럼에도 사람들은 굳이 구별을 합니다. 자연이 파괴되는 이유입니다. 우리가 건강하게 존재할 때는 어떻습니까? 감각기관이 작동하는지조차 모릅니다. 하지만 호흡하고 있음을 의식하면 심신은 황폐해진 이후입니다. 보고 듣고 밝고 어두운 것을 구별하는 것도 혼돈[道]에서 멀어진 삶입니다. 시종(始終)을 모르는 삶, '도의 본질'입니다.

---

35) 만물(萬物)이란 일반적으로 여러 사물을 합해서 부를 때 쓰는 말이지만, 하나의 사물을 여러 측면에서 볼 때 사용하는 말이기도 하다.

제15장 : 선비의 도(道)

옛날 선비 노릇을 잘하던 사람은 미묘하고 그윽히 통달하여 깊이를 알수 없었다. [기록이 없어] 알 수 없지만 억지로 형용하면, 겨울에 개울을 건너듯 머뭇거리고, 사방의 이웃을 두려워하듯 망설인다. 그 [모습은] 손님처럼 엄숙하고, 얼음이 녹는 것처럼 풀어지며, 다듬지 않은 통나무처럼 진실하고, 계곡처럼 텅 비어 있으며, 흐린 물처럼 섞여 있다. 누가 능히 탁함으로 고요히 하여 서서히 맑게 할 수 있겠는가. 누가 능히 편안함으로 오랫동안 움직여 서서히 살릴 수 있겠는가. 이런 도(道)를 보존하는 사람은 가득 채우려 하지 않는다. 오직 채우지 않기 때문에 낡아도 새로 만들지 않는다.

| 원문 |

古之善爲士者, 微妙玄通, 深不可識.[36] 夫唯不可識, 故强爲之容, 豫兮[37]若冬涉川, 猶兮若畏四隣. 儼兮其若客, 渙兮若氷之將釋, 敦兮其若樸, 曠兮其若谷, 混兮其若濁. 孰能濁以靜之徐淸. 孰能安以久動之徐生. 保此道者不欲盈. 夫唯不盈, 故能蔽不新成.

---

36) 도(道)를 얻은 선비는 귀(貴)하기로 천자(天子)가 되어도 교만하지 않고, 부(富)하기로 천하 (天下)를 소유하면서도 방종하지 않으며, 천(賤)하기로 베옷을 입으면서도 낙담하지 않고, 가난 [貧]하기로 의식(衣食)이 부족하면서도 근심하지 않는다. 『呂氏春秋』, 「愼大覽·下賢」.

37) 다산(茶山)본에서는 與兮로 되어 있다.

| 자해 |

* 현(玄): 현묘하다, 그윽하다. 강(强): 억지로. 예(豫): 머뭇거리다, 망설이다. 섭천(涉川): 내를 건너다, 개울을 건너다. 유(猶): 망설이다. 엄(儼): 엄숙하다, 근엄하다. 환(渙): 풀어지다, 흩어지다. 돈(敦): 도탑다, 투박하다, 진실하다. 박(樸): 통나무, 순박하다, 진실하다. 광(曠): 비다, 멀다, 넓다. 혼(混): 섞이다, 혼탁하다. 폐(蔽): 헤지다, 낡다.

| 해영 |

자연의 움직임은 미묘하고 심오합니다. 하지만 그 속에선 다 통합니다. 땅에선 동식물이 자라고, 하늘에선 새들이 날며, 물에선 물고기들이 헤엄을 칩니다. 아침엔 해가 뜨고, 저녁엔 달이 뜹니다. 이 모든 것이 자연입니다. 오래 전, 진리를 실천하는 사람도 자연 속에서 살았습니다. 자연의 움직임을 누가 시켰는지 알 수도 알 필요도 없습니다. 인생관, 가치관, 세계관도 알 필요가 없습니다. '그 속에서 호흡'할 따름입니다.

어느새, 구별하는 단계로 진입했습니다. 봄, 여름, 가을, 겨울을 나누고, 밤과 낮, 선(善)과 악(惡)을 따집니다. 당연히 삶과 죽음까지 구분합니다. 삶이 고단합니다. 당장 관계가 만만치 않습니다. 마치 겨울의 살얼음판을 건너듯 하고, 이웃과도 두려운 마음으로 관계를 유지합니다. 자연스럽지 못합니다. 반전이 필요합니다. 선비의 도(道)가 요구됩니다. 가득 채우려 하지 않는 것입니다. '지금 여기서 지속하는 것'입니다.

제16장 : 주인공

    허(虛)의 극치에 이르러, 정(靜)의 독실함을 지키라. 만물이 함께 일어남에 나는 [만물의] 복귀를 관찰한다. 만물은 무성하게 뻗어나가지만, 각기 그 뿌리로 돌아간다. 뿌리로 돌아가는 것을 정(靜)이라 하니, 이는 명(命)을 회복하는 것이라 하고, 명을 회복하는 것을 상(常: 恒久)이라 하며, 상[恒久]을 아는 것을 명(明)이라 하고, 상[恒久]을 모르면 망령되이 흉(凶)한 것을 저지른다. 상[恒久]을 알면 포용(包容)하게 되고, 포용하면 공평(公平)하게 되며, 공평하면 왕(王)이 되고, 왕이 되면 하늘[天]이 되며, 하늘이 되면 도(道)를 얻게 되고, 도를 얻으면 오래갈 수 있으니, 죽을 때까지 위태롭지 않다.

| 원문 |

    致虛極, 守靜篤. 萬物竝作, 吾以觀復. 夫物芸芸, 各復歸其根. 歸根曰靜, 是謂復命, 復命曰常, 知常曰明, 不知常, 妄作凶. 知常容, 容乃公, 公乃王, 王乃天, 天乃道,[38] 道乃久, 沒身不殆.

---

38) 사람은 어떻게 도(道)를 아는가. 마음[心]이다. 마음이 어떻게 그것을 아는가. 비우고 전일하게 하고 고요히 함으로써 안다. 『荀子』, 「解蔽」.

* 허(虛): 빔. 극(極): 극하다, 다하다, 극치. 정(靜): 고요하다. 독(篤): 돈독하다, 독실하다. 병(竝): 아우르다, 함께. 작(作): 만들다, 일어나다. 운운(芸芸): 무성하다, 풀이 우거지다. 복(復): 회복하다. 망(妄): 망령되다, 허망하다. 몰(沒): 사라지다, 없어지다. 몰신(沒身): 몸이 사라지다, 죽다. 불태(不殆): 위태롭지 않다.

| 해영 |

의식(意識)은 인위(人爲)의 산물입니다. 따라서 의식하기 전의 세상으로 되돌려야 합니다. 그렇지 않으면 명(命)을 회복할 수 없습니다. 명을 회복하지 못하면 그것을 항구적으로 유지할 수 없습니다. 포용과 공평, 하늘, 도(道: 자연)의 삶을 살 수 없습니다. 눈만 뜨면 그저 치열하게 싸울 수밖에 없습니다. 위태로움은 당연합니다. 만물이 때가 되면 근본인 뿌리로 돌아가듯 의식의 삶에서 '자연의 삶으로 복귀'해야 합니다.

제17장 : 최상의 정치

최상의 정치는 아래서 그가 존재한다는 것만 알고, 그 다음은 그를 사랑하고 칭찬하며, 그 다음은 그를 두려워하며, 그 다음은 그를 업신여긴다. [이는 지도자의] 미더움이 부족하여 [아래서] 불신하는 것이다. 머뭇거리며, 그 말을 아끼니, 공(功)이 이뤄지고 일이 끝나면, 백성들은 모두 내가 스스로 그랬다고 말한다.

| 원문 |

太上下知有之,[39] 其次親而譽之, 其次畏之, 其次侮之. 信不足焉, 有不信焉. 悠兮其貴言. 功成事遂, 百姓皆謂我自然.

| 자해 |

＊태상(太上): 최상의 정치 지도자. 예(譽): 기리다, 칭찬하다. 외(畏): 두려워하다. 모(侮): 업신여기다. 유(悠): 유(猶)와 통용, 머뭇거리다. 귀(貴): 어렵게 여겨 조심하다. 귀언(貴言): 말을 아끼다. 수(遂): 이르다, 다하다.

---

39) 크도다. 요(堯)임금의 임금됨이여. 높도다. 하늘의 위대함이여. 오직 요임금이 그를 본받았으니, 그 덕(德)이 넓고도 넓어 백성이 이름을 붙일 수 없었다. 『論語』, 「泰伯」.

| 해영 |

　일반적으로 도가(道家), 즉 노자(老子)와 장자(莊子)는 정치와 초연한 것으로 이해하는 경우가 있습니다. 그렇지 않습니다. 반대입니다. 오히려 도가는 적극적인 정치를 강조합니다. 즉 무위(無爲)의 정치를 주장합니다. 무위를 실천하는 최상의 정치지도자는 민중들이 자신의 존재 자체를 모르게 합니다. 반대로 최악의 정치지도자는 민중들이 자신에 대해 업신여기도록 만들어갑니다. 늘 '자연의 삶과 역행'하기 때문입니다.

　흔히 어린아이들을 자연에 비유합니다. 어린아이들은 배고프면 울고, 배부르면 웃습니다. 놀 때도 마찬가집니다. 잘 갖춰진 놀이터에선 존재를 잊고 움직입니다. 이때 어른들은 아이들이 놀 수 있는 장(場)을 마련해주면 그만입니다. 그러면서 중요한 것은 아이들이 놀이터의 존재를 잊고 잘 놀 수 있도록 하는 것입니다. 놀이터의 존재를 인식시켜주면 인위가 동반됩니다. 그것이 극하면 업신여기는 경우까지 생겨납니다.

　그렇게 아이들은 체력을 기르면서 성장합니다. 시간이 지나면 이제 또 다른 아이들을 위해 움직입니다. 어른들의 공(功)을 모르고 살아온 만큼, 그들도 바라지 않고 전합니다. 그것이 무위(無爲)의 한 단면입니다. 농부가 배를 두드리며 사는 삶40) 속에서도 모두 자신의 땀으로 이뤄낸 것으로

---

40) "해 뜨면 일하고, 해 지면 쉬네. 우물 파서 마시고, 밭 갈아 먹나니, 임금의 힘이 나에게 무슨 소용 있으랴." 『史記』, 「五帝本紀」.: 日出而作, 日入而息, 鑿井而飲, 耕田而食, 帝力於我何有哉. 장자(莊子)는 이 노래를 인용하여, 유유자적하며 생을 즐기는 즐거움을 노래한바 있다. "해가 뜨면 일하고, 해가 지면 쉬면서 천하를 유유자적 거니니 마음은 한가하기만 하다." 『莊子』, 「讓

생각할 수 있다면, 이 또한 '최상의 정치'라 할 수 있습니다. 누구의 덕(德)이란 것을 인식하는 순간 최악[侮之]이 될 수 있습니다.

王」: 日出而作, 日入而息, 逍遙於天地之間, 而心意自得.

제18장 : 혼란(昏亂)

대도(大道)가 없어지니 인의(仁義)가 생겨나고, 지혜가 나타나니 큰 거짓[大偽]이 생겨났다. 육친(六親)이 불화하니 효자(孝慈)가 생겨나고, 국가가 혼란하니 충신(忠臣)이 생겨났다.

| 원문 |

大道廢, 有仁義, 慧智出, 有大偽.[41] 六親不和, 有孝慈,[42] 國家昏亂, 有忠臣.

| 자해 |

* 폐(廢): 없어지다, 사라지다, 무너지다. 대위(大偽): 큰 거짓. 육친(六親): 부자(父子)와 부부(夫婦), 형제(兄弟)를 말함. 효자(孝慈): 효도와 자애, 즉 부모가 자식 사랑하는 것을 자(慈)라 한다면, 자식이 부모 사랑하는 것을 효(孝)라 한다.

| 해영 |

도(道)의 세계는 본래의 세계이자, 진리의 세계입니다. 장자에선 혼돈

---

[41] 통나무를 쪼개 그릇을 만드는 것은 공장의 죄이고, 도덕을 훼손시켜 인의(仁義)를 행하는 것은 성인(聖人)의 잘못이다. 『莊子』, 「馬蹄」.

[42] 효자(孝慈)와 충신(忠臣)이 강조되는 사회는 혼란한 시대로 규정할 수 있다.

(渾沌)이라 합니다. 이런 '도의 세계'에선 의식(意識)이 작동하지 않습니다. 인간의 세계는 '의식이 작동하는 세계'입니다. 무엇이든 따지고 구별합니다. 따짐 없이 살던 대도(大道)의 세계와는 차원이 다릅니다. 인의(仁義)와 지혜(智慧)를 강조하고, 부모와 자식 간의 사랑[孝慈]을 주장합니다. 심지어는 충성스런 관료[忠臣]를 들먹입니다. 끝도 없습니다.

알베르 카뮈(Albert Camus)는 현대인들의 삶을 시지프스의 노동에 비유한 적이 있습니다. 무거운 바위를 산 위로 올리면 굴러떨어져서 다시 올리는 시지프스의 노동 같은 삶이 반복되고 있다는 것입니다. 실제로 자신의 존재가 삶의 가치를 얼마나 차지하고 있는지에 대한 진실한 고민은 없이 오직 자기의 이로움과 행복만을 위해 물질적 경쟁이 지속되는 것입니다. 참으로 안타까운 일입니다. 모두가 의식의 결과입니다.

제19장 : 소박(素樸)

　성(聖)을 끊고 지(智)를 폐기하면 민중들의 이로움은 백배가 되고, 인(仁)을 끊고 의(義)를 폐기하면 민중들은 다시 효도하고 자애로워지며, 기교(技巧)를 끊고 이로움을 폐기하면 도적들이 사라질 것이다. 이 세 가지는 문(文), 즉 다스림으로 삼기엔 부족하므로, 부득이 덧붙이니, 소박함을 알고 간직하며, 사사로움과 욕심을 적게 하는 것이다.

| 원문 |

　絶聖棄智,[43] 民利百倍, 絶仁棄義, 民復孝慈, 絶巧棄利, 盜賊無有. 此三者, 以爲文[44] 不足, 故令[45] 有所屬, 見素抱樸, 少私寡欲.

| 자해 |

　* 절(絶): 끊다. 성(聖): 성스럽다. 기(棄): 폐기하다. 부(復): 다시. 교(巧): 교묘하다, 기교하다. 도적(盜賊): 도(盜)는 일종의 사기(詐欺)로 훔치는 것이고, 적(賊)은 흉기로 위협을 가해 빼앗는 것이다. 문(文): 꾸미다, 다스리다.

---

43) 성인(聖人)의 도(道)는 지혜와 기교를 폐기하는데 있으니, 지혜와 기교가 사라지지 않으면, 상도(常道)를 만들기 어렵다. 『韓非子』, 「揚勸」.

44) 문(文)은 본래 교양이나 형식, 꾸밈, 수식, 설명 등을 뜻한다. 노자는 이 세 가지로 설명하고 수식했지만 부족하다고 여겨 덧붙인 것이다.

45) 영(令)은 사역을 나타내는 말이고, 속(屬)은 잇는 것을 뜻한다. 따라서 이 문장을 보다 정확하게 번역하면, "이 세 가지론 설명이 부족하기 때문에 덧붙이는 바가 있게 했다."

현(見): 알다. 소(素): 원래 모습, 본바탕. 포(抱): 간직하다. 박(樸): 나무가 다듬어져 그릇이나 재목이 되기 전의 통나무를 뜻한다. 여기선 사람의 본래 모습을 가리킨다.

| 해영 |

혼돈(渾沌)의 세상에선 사람이 특별한 존재가 아닙니다. 동물과 구별되지 않을 뿐만 아니라 남자와 여자, 군자와 소인, 선생과 제자 등으로 나누지 않습니다. 모두가 소박(素樸)한 존재입니다. 마치 다듬지 않은 통나무와 같습니다. 지혜가 동반되면서 그것으로 집을 짓고, 책상과 의자를 만듭니다. 구분하기 시작합니다. 사람도 마찬가집니다. 나누고 분석하는 사이, 혼돈은 죽음을 맞았습니다.[46] '소박으로 돌아갈 때'입니다.

---

[46] 혼돈(渾沌)의 죽음은 '의식의 결과'다. 가령 요가(Yoga)를 한다는 것은, '몸'과 '마음'이 상당 부분 황폐해진 후다. 몸과 마음이 건강할 땐 '요가'를 고려하지 않는다.

제20장 : 절학(絶學)

학(學)을 끊으면 근심이 없다. 공손하게 답하는 것[唯]과 대충 답하는 것[阿]이 얼마나 거리가 있으며, 선(善)과 악(惡)은 얼마나 거리가 있겠는가. 사람들이 두려워하는 것은 두려워하지 않을 수 없다. 황망하다, 다하지 못함이여. 사람들의 희희낙락은 마치 큰 잔치를 즐기고, 봄날 누대(樓臺)에 오른 듯하지만, 나에겐 한갓 물거품과 같구나. 그 아무런 조짐이 없는 것이 마치 어린아이가 옹알이하기 전 같다. 고달픔이여, 돌아갈 곳이 없는 듯하구나. 사람들은 모두 가진 것이 많은데, 나만 홀로 잃어버린 듯하구나. 나는 어리석은 사람의 마음이로다. 멍청하구나, 세상 사람들은 다들 똑똑하고 밝은데, 나 홀로 멍한 듯하고, 세상 사람들은 잘도 분별하는데, 나만 홀로 어둡구나. 담담하기가 바다와 같고, 몰아치는 바람은 멈춤이 없는 듯하구나. 사람들은 모두 쓰임이 있는데, 나만 홀로 어리석고 비루하구나. 나 홀로 세상 사람들과 다른 것은 먹고 사는 근원을 귀하게 여긴다.

| 원문 |

絶學無憂.[47] 唯之與阿, 相去幾何, 善之與惡, 相去若何. 人之所畏, 不可不畏. 荒兮其未央哉. 衆人熙熙, 如享太牢, 如春登臺, 我獨泊兮. 其未兆, 如嬰兒

---

47) 배우지 않는 것이 좋을 것이다. 배우지 않으면 해로움도 없다. 『左傳』, 「昭公」, 18年.

之未孩. 儽儽兮若無所歸. 衆人皆有餘, 而我獨若遺. 我愚人之心也哉. 沌沌兮
俗人昭昭, 我獨若昏, 俗人察察, 我獨悶悶. 澹兮其若海, 飂兮若無止. 衆人皆
有以,[48] 而我獨頑似鄙. 我獨異於人, 而貴食母.[49]

| 자해 |

* 우(憂): 근심. 유(唯): 낙(諾)과 통용, '예'처럼 공손하게 답하는 것. 아
(阿): 가(訶)와 통용, '응'처럼 대충 답하는 것. 황(荒): 황망하다. 앙(央): 진
(盡)과 통용, 즉 다하다. 희희(熙熙): 희희낙락(喜喜樂樂)과 통용. 향(享): 누리
다, 즐기다. 뇌(牢)[50]: 우리, 가축을 기르다. 태뢰(太牢): 큰 잔치. 백(泊): 물
거품, 담박하다. 조(兆): 조짐, 싹트다.

* 해(孩): 어린아이, 옹알이하다. 내내(儽儽): 고달프다. 돈돈(沌沌): 용용
(惷惷)과 통용, 즉 어리석다, 멍청하다, 사리에 어두운 사람. 민민(悶悶): 어
둡다, 분명히 깨닫지 못하다. 담(澹): 담담하다, 조용하다. 요(飂): 몰아치는
바람, 불어 오르는 바람. 완(頑): 완고하다, 어리석다. 비(鄙): 비루하다. 식
모(食母): 삶의 근원.

| 해영 |

덕경(德經)이 시작되는 38장엔, "학문을 하는 것은 날마다 더하는 것이

---

48) 이(以): 용(用)과 통용. 즉 '쓰이다'로 해석한다.
49) 식모(食母)는 '삶의 근원'을 뜻하는 것으로, 즉 '근본인 민중을 살리는 것'과는 달리 말단적
인 것만 추종하는 사람들과는 다른 삶을 살겠다는 의미다.
50) 뇌(牢)의 음은 '뢰'로, 본래는 '가축을 기르는 우리'를 뜻했으나, 큰 제사에 쓰이는 말로 변
천되었다. 즉 소를 잡아 차린 밥상을 뜻하기도 하고, 잔치를 뜻하기도 한다.

요, 도(道)를 따르는 것은 날마다 덜어내는 것이다."[51]란 구절이 나옵니다. 그렇습니다. 학문이란 능(能)한 것을 더해 지모(智謀)를 늘려가는 것입니다. 만일 아무런 욕심도 없이 만족한다면, 더할 이유가 없을 것입니다. 제비도 짝이 있고, 참새도 짝이 있으며, 비둘기도 짝이 있습니다. 지혜롭다고 짝을 구하고 멍청하다고 구하지 못하는 것이 아닙니다.

추운 지방에 사는 사람들은 더운 지방에 사는 사람들과 달리 가르쳐주지 않아도 솜옷과 가죽 옷을 만들어 입습니다. 오리[鳧] 다리가 짧다고 길게 늘려주지 않듯, 학(鶴)의 다리가 길다고 자르지 않습니다. 명예와 형벌이 다르지 않고, 공손한 답과 적당한 답이 다르지 않습니다. 아름다움과 추함도 다르지 않습니다. 사람들이 두려워한다고 나 또한 두려워해야 하는 것은 아닙니다. 그저 자연을 본받아 살아갈 따름입니다.

---

51) 『老子』, 「德篇」, 48章: 爲學日益, 爲道日損.

제21장 : 공덕(孔德)

큰 덕(德)의 모습은 오직 도(道)를 따른다. 도(德)의 실상은 오직 황홀(恍惚)할 뿐이다. 황홀[惚恍]하고 황홀함이여, 그 가운데 형상(形象)이 있다. 황홀(恍惚)하고 황홀함이여, 그 가운데 실체가 있다. 그윽하고 아득하지만, 그 가운데 정밀함이 있다. 그 정밀함은 매우 참된 것으로, 그 가운데 신의가 있다. 예로부터 지금까지 그 이름이 사라지지 않으니, 이로써 만물의 시작을 본다. 내가 어떻게 만물이 시작하는 모습을 알 수 있겠는가. 이 같은 것에서다.

| 원문 |

孔德之容, 惟道是從.[52] 道之爲物, 惟恍惟惚. 惚兮恍兮, 其中有象. 恍兮惚兮, 其中有物. 窈兮冥兮, 其中有精. 其精甚眞, 其中有信. 自古及今, 其名不去, 以閱衆甫. 吾何以知衆甫之狀哉. 以此.

| 자해 |

＊공(孔): 구멍, 크다, 성하다. 용(容): 모습. 물(物): 실상, 실체, 됨됨이. 황홀(恍惚): 황홀하다. 황(恍): 눈이 부셔 정확히 사물을 볼 수 없는 모양. 홀

---

52) 도(道)는 실정(實情)이 있고, 믿음이 있지만, 무위(無爲)하고 무형(無形)하다. 전할 수는 있지만 받을 수는 없고, 얻을 수는 있지만 볼 수는 없다. 『莊子』, 「大宗師」.

(惚): 어두워 정확히 사물을 볼 수 없는 모양. 상(象): 형상. 요(窈): 그윽하다. 명(冥): 아득하다. 정(精): 정밀하다. 심(甚): 심하다, 매우. 열(閱): 보다. 보(甫): 무리. 중보(衆甫): 만물, 만물의 시작. 상(狀): 모양, 모습.

| 해영 |

도(道)는 자연의 작용이자 혼돈(渾沌)의 모습입니다. 자연의 작용은 일정한 길이 있습니다. 여름이 극하면 추운 겨울을 향해 움직이고, 겨울이 극하면 더운 여름을 향해 움직입니다. 큰 덕(德)을 지닌 사람의 모습도 이와 다르지 않습니다. 낮엔 활발하게 움직이고 밤엔 움직임을 거두고 잠을 잡니다. 봄엔 씨를 뿌리고, 여름엔 김을 매며, 가을엔 수확하고, 겨울엔 저장합니다. 이런 움직임은 '정밀하게 무한 반복'합니다.

제22장 : 부쟁(不爭)

　구부리면 온전해지고, 굽히면 곧아지며, 푹 패면 채워지고, 낡아 헤지면 새로워지며, 적어지면 얻게 되고, 많아지면 미혹된다. 이 때문에 성인(聖人)은 하나를 품어 천하의 준칙이 된다. 스스로 드러내지 않기 때문에 밝아지고, 스스로 옳다고 하지 않기 때문에 빛이 나며, 스스로 자랑하지 않기 때문에 공(功)을 이루고, 스스로 자만하지 않기 때문에 오래간다. 오직 다투지 않기 때문에 천하가 그와 더불어 다투지 않는 것이다. 옛날에 이른바 구부리면 온전해진다는 말이 어찌 허언(虛言)이겠는가. 진실로 온전해져서 돌아가는 것이다.

| 원문 |

　曲則全,[53] 枉則直, 窪則盈, 幣則新, 少則得, 多則惑. 是以聖人抱一, 爲天下式. 不自見故明, 不自是故彰, 不自伐故有功, 不自矜故長. 夫唯不爭, 故天下莫能與之爭. 古之所謂曲則全者, 豈虛言哉. 誠全而歸之.

| 자해 |

　* 곡(曲): 절(折)과 통용, 구부리다. 전(全): 온전하다. 왕(枉): 굴(屈)과 통용, 굽히다. 와(窪): 허(虛)와 통용, 비우다. 푹 파인 모양. 폐(幣): 헤지다, 낡

---

[53]　이것은 정말로 쓸모없는 나무다. 이 때문에 이렇게 클 수 있었다. 『莊子』, 「人間世」.

다. 식(式): 법, 준칙. 현(見): 드러나다. 창(彰): 드러나다, 빛나다. 벌(伐): 자랑하다, 뽐내다. 긍(矜): 아끼다, 자만하다. 성(誠): 성실하다, 진실하다.

| 해영 |

  일반적으로 탑(塔)은 바탕이 네모[方]로 이뤄져 있습니다. 이것이 중간쯤엔 팔각(八角)이 되고 더 오르면 남아 있던 모서리가 모두 깎여 나가 완전 둥근 형태를 띱니다. 삶의 모습을 형상화(形象化)한 것입니다. 노자가 강조하는 삶과 다르지 않습니다. 뾰족하게 모가 난 물건도 부딪히는 시간이 많아지면 점차 닳아 둥근 모습을 띱니다. 자연의 현상이고, 도(道)의 작용입니다. '음양이 다투지 않는 이유'도 여기에 있습니다.

제23장 : 희언(希言)

말이 별로 없는 것이 자연스럽다. 그러므로 회오리[사나운] 바람은 아침을 넘기지 않고, 소나기는 종일 퍼붓지 않는다. 누가 이렇게 하는가. 천지(天地)다. 천지도 장구할 수 없는데,[54] 하물며 사람에 있어서랴. 그러므로 도(道)에 종사하는 것이니, 도(道)를 지닌 사람은 도(道)와 동화되고, 덕(德)을 지닌 사람은 덕(德)과 동화되며, [도와 덕을] 잃은 사람은 잃음과 동화한다. 도(道)에 동화된 사람은 도(道) 역시 그를 얻어 즐거워하고, 덕(德)에 동화된 사람은 덕(德) 역시 그를 얻어 즐거워하며, 잃음[失]에 동화된 사람은 잃음[失] 역시 그를 얻어 즐거워한다. [결국] 진실이 부족해 불신이 있는 것이다.

| 원문 |

希言自然. 故飄風不終朝、驟雨不終日. 孰爲此者. 天地.[55] 天地尙不能久, 而況於人乎. 故從事於道者. 道者同於道, 德者同於德, 失者同於失. 同於道者, 道亦樂得之. 同於德者, 德亦樂得之, 同於失者, 失亦樂得之. 信不足焉. 有不信焉.

---

54) 물리학자들에 따르면, 46억 광년이 된 지구의 수명을 대략 100억 광년으로 추정한다.
55) 가을에 일찍 추워지면 겨울은 반드시 따뜻하고, 봄에 비가 많으면 여름엔 반드시 가문다. 천지도 두 가지 일을 할 수 없는데, 하물며 사람이겠는가. 『呂氏春秋』, 「仲春紀·情欲」.

* 희(希): 희(稀)와 통용, 드물다. 희언(希言): 말이 별로 없다는 것은 말을 간략하게 하고 담담하게 하는 것이니, 즉 말을 귀하게 여기는 것이다. 표풍(飄風): 회오리바람, 사나운 바람. 취(驟): 달리다, 빠르다. 취우(驟雨): 소나기. 숙(孰): 누구, 누가. 황(況): 하물며, 더구나. 동(同): 하나가 되다, 동화되다. 실(失): 잃다, 실패하다.

| 해영 |

사나운 바람이 불고, 세차게 퍼붓는 소나기는 자연입니다. 번개가 치고 천둥이 우는 것도 마찬가집니다. 이런 현상들은 뜻을 품고 있습니다. 가령 산천의 초목들이 모두 꽃을 피우고 늘어져 있다면 어떻겠습니까. 열매를 맺지 못하고 생(生)을 마감할 것입니다. 이런 경우를 예방하기 위해 자연은 경각심을 부여합니다. 사나운 바람과 세찬 소나기, 천둥과 번개를 동반합니다. 하지만 그 정도입니다. 지나치지 않습니다.

사람의 삶도 다르지 않습니다. 온갖 성품의 소유자들과 관계를 유지하며 살아갑니다. 즉 세상엔 선량(善良)한 이들도 무척이나 많이 존재하지만, 악한(惡漢)도 부지기수입니다. 적절한 삶의 긴장이 요청되는 이유입니다. 이는 온전히 작위적(作爲的)이라 할 수 없습니다. 자연의 도(道)라 할 수도 있습니다. 때론 사나운 바람처럼, 때론 퍼붓는 소나기처럼, 때론 천둥과 번개를 동반하는 것입니다. 세상이 움직이는 에너지입니다.

제24장 : 쓸모없는 행동

발뒤꿈치를 들면 오래 설 수 없고, 다리를 많이 벌리면 갈 수 없다. 스스로 드러내는 사람은 밝지 않고, 스스로 옳다고 하는 사람은 빛이 나지 않으며, 스스로 자랑하는 사람은 공(功)을 이루지 못하고, 스스로 자만하는 사람은 오래가지 못한다. 이는 도(道)에 있어서, 먹고 남은 음식찌꺼기요, 군더더기 행동이다. 세상 사람들이 혹 그것을 미워하는 것이므로, 도(道)를 지닌 사람은 그렇게 행동하지 않는다.

| 원문 |

企者不立, 跨者不行. 自見者不明, 自是者不彰, 自伐者不功,[56] 自矜者不長. 其在道也, 曰餘食贅行. 物或惡之, 故有道者不處.

| 자해 |

* 기(企): 발뒤꿈치를 들다. 과(跨): 다리를 크게 벌리다. 현(見): 드러나다. 창(彰): 드러나다, 빛나다. 벌(伐): 자랑하다, 뽐내다. 긍(矜): 아끼다, 자만하다. 췌(贅): 찌꺼기, 군더더기, 쓸모없는 것. 물(物): 만물, 세상 사람들. 오(惡): 미워하다. 처(處): 행(行)과 통용.

---

56) 스스로 자랑하는 사람은 공(功)이 없고, '공'을 이룬 자는 망하며, 이름을 이룬 자는 이지러진다고 하였으니, 누가 '공'과 '이름'을 버리고 뭇사람들과 함께 하겠는가. 『莊子』, 「山木」.

| 해영 |

바야흐로 난세(亂世)입니다. 스스로 드러내고, 스스로 옳다고 주장하며, 스스로 공(功)을 자랑하는 시대입니다. 도(道)의 세계와 완전히 동떨어진 세계입니다. 이런 삶은 항상 심신(心身)이 피곤합니다. 생각을 바꿔야 합니다. 남과 하나 되는 삶이어야 합니다. 남과 하나 되기 위해선 도(道)의 세상에서 살아야 합니다. 도(道)가 통하는 세상은 군더더기가 없습니다. 스스로 드러내거나 주장하거나 공(功)을 자랑하지 않습니다.

제25장 : 혼돈(渾沌)

　무엇인가 섞여 이뤄진 것이 있어 천지보다 먼저 생겨났다. 적막하고, 쓸쓸하게 홀로 있으면서 바꾸지 않네. 두루 행하지만 위태롭지 않으므로 천하의 어미가 될 수 있다. 나는 그 이름을 알 수 없으니, 자(字)를 붙이면 도(道)라 하고, 억지로 이름을 붙이면 대(大)라 한다. 큰 것은 늘 [흘러] 가고, 가는 것은 멀어지며, 멀어지면 되돌아온다. 그러므로 도(道)가 크고, 천(天)이 크며, 지(地)가 크고, 왕(王) 또한 크다. 이 가운데 네 개의 큰 것이 있는데, 왕은 그중의 하나를 차지한다. 사람은 땅[地]을 본받고, 땅은 하늘[天]을 본받고, 하늘은 도(道)를 본받으며, '도'는 자연(自然)을 본받는다.

| 원문 |

　有物[57]混成, 先天地生.[58] 寂兮寥兮, 獨立而不改. 周行而不殆, 可以爲天下母. 吾不知其名, 字之曰道, 强爲之名曰大. 大曰逝, 逝曰遠, 遠曰反. 故道大, 天大, 地大, 王亦大. 域中有四大, 而王居其一焉. 人法地, 地法天, 天法道, 道法自然.

---

57) 여기서 말하는 물(物)은 일반적인 물(物)로 해석하지 않는 것이 바람직하다.

58) 스스로 근본이자 뿌리다. 천지(天地)가 아직 없을 때도 존재했다. 『莊子』, 「大宗師」.

* 물(物): 무엇, 혼돈(渾沌). 혼(混): 섞이다. 적(寂): 적막하다. 요(寥): 쓸쓸
하다. 주(周): 두루. 서(逝): 왕(往)과 통용, '가는 것'으로 해석하지만, '크기
때문에 미치지 않는 곳이 없다[無所不至]'는 뜻으로 쓰인다. 역(域): 차(此)
와 통용.

* 사대(四大): 도(道), 천(天), 지(地), 왕(王)을 말한다. 거(居): 거처하다, 차
지하다. 법(法): 본받다. 자연(自然): 도(道)의 속성을 말하는 것으로, 상위나
하위개념이 아니다. 말하자면 일(一)과 도(道), 자연이 모두 같은 것으로,
독립적일 수 없다는 말이다.

| 해영 |

혼돈(渾沌)의 세계는 구별함이 없습니다. 만물을 창조하는 천지(天地)도,
천지에 의해 창조되는 피조물도 따로 없습니다. 물이 흐르고 바람이 부
는 것도 의식되지 않습니다. 적막하고 조용할 따름입니다. 하지만 의식
의 세계인 인간의 세계로 들어오면 사정이 달라집니다. 무엇이든 구별하
고 따집니다. 혼란하고 산란한 이유입니다. 본래 세계니, 현상세계를 논
하는 것에서 벗어나야 합니다. 인위(人爲)의 산물이기 때문입니다.

제26장 : 중심(中心)

 무거움은 가벼움의 뿌리가 되고, 고요함은 조급함의 임금[주인]이다.
이 때문에 성인(聖人)은 종일토록 다녀도 묵중한 수레를 떠나지 않는다.
비록 영화로운 볼거리가 있어도, 한가로이 거처하며 초연할 뿐이다. 어
찌 만승(萬乘)의 주인으로, 자신 때문에 천하를 가볍게 여기겠는가. 가벼
우면 근본을 잃고, 조급하면 임금[주인]을 잃는다.

| 원문 |

 重爲輕根, 靜爲躁君.[59] 是以聖人終日行, 不離輜重. 雖有榮觀, 燕處超然.
奈何萬乘之主, 而以身輕天下. 輕則失本, 躁則失君.[60]

| 자해 |

 * 경(輕): 가볍다. 정(靜): 고요하다. 조(躁): 조급하다, 경거망동(輕擧妄動)
하다. 군(君): 임금, 주인. 치(輜): 짐수레. 영관(榮觀): 영화롭게 보다. 연(燕):
편안하다, 한가롭다. 초연(超然): 초연하다, 태연하다. 내하(奈何): 어찌하
여. 만승(萬乘): 1만대의 수레. 만승지주(萬乘之主): 1만대의 수레를 보유한

---

[59] 큰 것으로 작은 것을 부리고, 무거운 것으로 가벼운 것을 부리며, 많은 것으로 적은 것을
부리는 것, 이것이 왕 노릇하는 사람이 집안을 이루어 온전히 할 수 있는 길이다. 『呂氏春秋』,
「審分覽·慎勢」.

[60] 논어(論語)에선, "임금이 신중하지 않으면 위엄이 없다."고 했다. 『論語』, 「學而」.

나라의 주인, 즉 천자(天子)를 지칭한다.

| 해영 |

　이른바 처세 철학자인 한비자(韓非子)의 사상적 취향이 보입니다. 아마도 노자사상을 공부한 후학이 첨가시킨 듯합니다. 한비자는 임금, 즉 주인자리를 유지하는 비결에 대해 여러 비유를 들어 설명한 바 있습니다. 그 가운데 임금은 무거운 존재로, 가볍게 돌아다녀선 아니 됨을 강조합니다. 유가(儒家)의 북극성과도 연결됩니다. 뭇별들이 북극성을 중심으로 도는 것처럼 임금은 중심과 같은 존재임을 일러주는 것입니다.

제27장 : 요묘(要妙)

길을 잘 가는 사람은 흔적이 없고, 말을 잘하는 사람은 흠잡을 것이 없으며, 셈을 잘하는 사람은 산가지를 쓰지 않는다. 잘 닫으면 빗장이나 자물쇠로 채우지 않아도 열 수 없고, 잘 묶으면 노끈이나 밧줄로 묶지 않아도 풀 수 없다. 이 때문에 성인(聖人)은 항상 사람을 잘 구하므로 버려지는 사람이 없고, 항상 사물을 잘 구하므로 버려지는 사물이 없다. 이를 일러 밝음을 간직한 것이라 한다. 그러므로 선(善)한 사람은 선하지 않은 사람의 스승이고, 선하지 않은 사람은 선한 사람의 바탕이다. 그 스승을 귀하게 여기지 않고, 그 바탕을 아끼지 않는다면, 비록 지혜가 있더라도 크게 미혹될 것이다. 이를 일러 미묘(微妙)한 요체(要諦)라 한다.

| 원문 |

善行無轍迹, 善言無瑕謫, 善數不用籌策. 善閉無關楗而不可開, 善結無繩約而不可解. 是以聖人常善救人, 故無棄人, 常善救物, 故無棄物. 是謂襲明. 故善人者, 不善人之師,[61] 不善人者, 善人之資. 不貴其師, 不愛其資, 雖智大迷. 是謂要妙.

---

61) 무릇 곡자나 먹줄, 그림쇠나 자를 가지고 남을 바르게 하는 것은 그 본성을 해치는 것이고, 새끼줄이나 아교를 가지고 든든하게 만드는 것은 그 덕을 훼손하는 것이다. 『莊子』, 「駢拇」.

| 자해 |

* 철(轍): 흔적, 바퀴가 지나간 자국. 적(迹): 발자국, 흔적. 하(瑕): 하자, 허물, 흠. 적(謫): 꾸짖다. 주(籌): 산가지, 주판. 책(策): 대쪽, 점대. 관(關): 빗장. 건(楗): 문빗장, 건(鍵)과 통용. 관건(關楗): 빗장과 자물쇠. 승(繩): 노끈, 새끼줄. 약(約): 묶다. 습(襲): 장(藏)과 통용, 즉 감추다, 간직하다. 습명(襲明): 밝은 지혜를 거듭 밝히다. 자(資): 바탕. 미(迷): 혼미하다, 미혹하다. 요(要): 요체, 중요하다. 묘(妙): 미묘하다, 오묘하다.

| 해영 |

예로부터 성인(聖人)의 삶은 자연과 같습니다. 자연의 흐름을 따르기 때문에 작위하지 않습니다. 하지만 민중들의 삶은 다릅니다. 뭐든 작위적입니다. 때문에 삶이 고달픕니다. 지혜를 지닌 성인은 어리석은 민중들을 구제하고 편히 쓸 수 있는 물건을 만들어야 합니다. 이것이 자연이 성인에게 부여한 책무입니다. 이를 이행하지 않는다면, 성인이나 민중이나 별 차이가 없게 됩니다. 존재의 이유가 사라지는 것입니다.[62]

---

62) 맹자는, '지혜로운 사람은 그렇지 못한 사람을 챙겨야 하고, 큰일을 할 수 있는 재능을 지닌 사람은 그렇지 못한 사람을 챙겨야 한다. 만일 지혜롭고도, 재주가 출중함에도 챙기지 않는다면, 지혜로운 사람과 그렇지 못한 사람의 차이는 없다.'고 했다. 『孟子』, 「離婁下」.

제28장 : 도(道)의 본체

수컷을 알고 암컷을 지키면 천하의 골짜기가 된다. 천하의 골짜기가 되면, 상덕(常德)이 떠나지 않으며, 다시 어린아이로 돌아간다. 그 밝은 것[깨끗한 것]을 알고, 그 어두운 것[더러운 것]을 지키면 천하의 모범이 된다. 천하의 모범이 되면, 상덕(常德)이 어긋나지 않으며, 다시 무극(無極)으로 돌아간다. 그 영화를 알고 그 욕됨을 지키면 천하의 골짜기가 된다. 천하의 골짜기가 되면 상덕(常德)이 넉넉[온전]하여 다시 질박함[통나무]⁶³⁾으로 돌아간다. 이 질박함이 흩어지면 다양한 그릇이 되는 것이니, 성인(聖人)이 그것을 쓰면 사회제도와 관직이 된다. 그러므로 위대한 제도(制度)는 분할하지 않는다.

| 원문 |

知其雄, 守其雌, 爲天下谿. 爲天下谿, 常德不離, 復歸於嬰兒. 知其白, 守其黑, 爲天下式. 爲天下式, 常德不忒, 復歸於無極.⁶⁴⁾ 知其榮, 守其辱, 爲天下谷. 爲天下谷, 常德乃足, 復歸於樸. 樸散則爲器, 聖人用之, 則爲官長. 故大制不割.

---

63) 하나[一]임을 알면 통나무로 돌아간다. 『呂氏春秋』, 「季春紀·論人」.
64) 무극(無極)은 음양(陰陽)으로 나눠지기 전의 상태, 즉 태극(太極)과 유사한 상태를 뜻한다. 말하자면 '태극'은 작용성(作用性)을 부각시킨 이름이고, '무극'은 이미지를 포착할 수 없어 붙인 이름이다.

| 자해 |

　* 웅(雄): 수컷. 자(雌): 암컷. 계(谿): 시내, 골짜기. 부(復): 다시. 영아(嬰兒): 갓난아이. 식(式): 법, 모범. 특(忒): 어긋나다, 틀리다. 족(足): 온전하다, 넉넉하다. 박(樸): 질(質)과 통용, 즉 도(道)의 본체, 질박하다, 통나무. 산(散): 흩어지다. 관장(官長): 사회제도와 관직. 제(制): 나누다, 억제하다, 금하다. 할(割): 베다, 자르다, 갈라지다, 분할하다.

| 해영 |

　주지하듯 도(道)의 본체는 쪼갤 수 없습니다. 진리를 쪼갤 수 없는 것과 같습니다. 하지만 현실에선 쪼개서 설명합니다. 수컷을 알고 암컷을 지키면, 천하의 골짜기가 되어 어린아이처럼 본래의 자리로 돌아간다고 합니다. 또 천하의 모범이 되면, 본래의 덕(德)을 해치지 않고 박(樸), 즉 '도의 본체'로 돌아간다고도 합니다. 박세당도 여기서 박(樸)이 '도의 본체'라고 밝히면서 문(文)에 치우친 당시 사회를 비판합니다.

　박(樸)은 통나무입니다. 통나무는 무한 가능성을 지닌 존재입니다. 하지만 쪼갤수록 가능성은 줄어듭니다. 사람도 다르지 않습니다. 무한 가능성을 지닌 존재입니다. 그러나 무한 가능성을 지녔다 하더라도 '도의 본체'인 내재적 가치를 원천 배제하고, 통나무를 쪼개듯 움직임을 확대하면 무한 가능성은 금방 사라집니다. 자웅(雌雄)과 흑백(黑白), 영욕(榮辱)에서 도(道)의 세계인 계곡과 박(樸)의 세계가 요청되는 이유입니다.

제29장 : 신묘한 그릇

장차 천하를 취하기 위해 작위(作爲)하면, 나는 그것이 불가능하다고 본다. 천하는 신묘한 그릇이니, 작위할 수 없다. 작위하면 실패하고, 집착하면 잃어버린다. 그러므로 사물은 혹 앞서기도 하고, 혹 따르기도 하며, 혹 흐느끼기도 하고, 혹 불기도 하며, 혹 강하기도 하고, 혹 파리하기도 하며, 혹 꺾이기도 하고, 혹 무너지기도 한다. 이 때문에 성인(聖人)은 심한 것을 버리고, 사치를 버리며, 지나침을 버린다.

| 원문 |

將欲取天下而爲之, 吾見其不得已, 天下神器, 不可爲也. 爲者敗之, 執者失之. 故物或行或隨, 或歔或吹, 或强或羸, 或挫或隳. 是以聖人, 去甚去奢去泰.[65)]

| 자해 |

* 신기(神器): 신묘한 그릇. 집(執): 집착하다. 행(行): 앞서가다. 수(隨): 따르다. 허(歔): 숨을 내쉬다, 흐느끼다. 취(吹): 불다. 리(羸): 파리하다, 약하

---

65) 향기롭고 맛있는 음식, 좋은 술, 기름진 고기는 입엔 즐거우나 몸을 병들게 하고, 고운 피부와 하얀 이[齒]의 여인은 정(情)엔 기쁘지만 정기(精氣)를 해친다. 그러므로 심하고 지나친 것을 멀리해야 몸에 해로움이 없다.『韓非子』,「揚勸」.

다. 좌(挫): 꺾이다. 휴(隳): 무너지다. 심(甚): 심하다, 극심하다. 사(奢): 사치하다. 태(泰): 지나치다.

| 해영 |

자연의 도(道)는 조작하지 않으면 절로 조화를 이룹니다. 가령 식물이 산소를 뿜어내면 동물은 그 산소를 흡입한 후 이산화탄소를 내보냅니다. 그럼 식물은 이산화탄소를 흡입한 후 다시 산소를 내보냅니다. 이처럼 자연의 조화는 신묘합니다. 이 신기하고도 묘한 작용들은 인간의 의식에 포착되지 않습니다. 따라서 인간의 의식으로 자연을 취하고자 하면 실패할 수밖에 없습니다. 자연의 움직임을 따르는 것이 마땅합니다.

제30장 : 부도(不道)

도(道)로 임금을 보좌하는 사람은 군사로 천하를 강하게 하지 않는다. 그 일[군사의 일]은 바로 되돌아온다. 군사가 머물던[전쟁이 지나간] 곳은 가시덤불만 생기고, 큰 군사를 일으킨[큰 전쟁이 있은] 후엔 반드시 흉년이 든다. [군사를] 잘 다루는 사람은 과감할 뿐, 감히 강함을 취하려 하지 않는다. 과감하되 자만하지 않고, 과감하되 자랑하지 않으며, 과감하되 교만하지 않고, 과감하되 부득이한 것이며, 과감하되 강하고자 하지 않는다. 사물이 장성하면 노쇠해지니, 이를 일러 부도(不道)라 한다. 부도는 일찍 사라진다.

| 원문 |

以道佐人主者, 不以兵强天下.[66] 其事好還. 師之所處, 荊棘生焉, 大軍之後, 必有凶年. 善者果而已, 不敢以取强. 果而勿矜, 果而勿伐, 果而勿驕, 果而不得已, 果而勿强. 物壯則老, 是謂不道. 不道早已.

| 자해 |

* 좌(佐): 보좌하다. 인주(人主): 사람의 주인, 즉 임금을 뜻한다. 병(兵):

---

66) 군사에 힘쓰지 않고 욕됨을 꺼리지 않으며 잘못을 보복하지 않으면 사직(社稷)이 편안하고, 군사에 힘쓰고 욕됨을 꺼리며 잘못을 보복하면 사직이 위태롭다. 『管子』, 「大匡」.

군대, 군사. 사(事): 군사의 일. 환(還): 되돌아오다. 형극(荊棘): 잡초, 가시덤불. 과(果): 과감하다. 긍(矜): 자만하다. 벌(伐): 자랑하다. 교(驕): 교만하다.

 * 부득이(不得已): 그만둘 수 없다. 즉 어떤 일을 함에, 하고 싶어 하는 것이 아닌, 그만 둘 수 없어 하는 것을 뜻한다. 장(壯): 장성하다, 무력(武力)이 사납게 일어나다.[67] 부도(不道): 도를 따르지 않다. 조이(부己): 일찍 끝나다, 일찍 사라지다.

| 해영 |

 세상 정서입니다. 힘[力]으로 세상을 다스릴 땐 강함을 지양(止揚)해야 합니다. 가령 내가 강함으로 남을 이기면, 남도 강함을 육성해 보복하러 옵니다. '사물이 극하면 반전한다'는 말은 절로 생긴 말이 아닙니다. 과감하되 자만과 자랑, 교만, 강함 등을 배제해야 합니다. 어쩔 수 없이 행하는 것처럼 해야 합니다. 사물이 장성하면 노쇠해집니다. 노쇠해지면 망(亡)하는 건 순식간입니다. 도(道)의 삶이 필요한 이유입니다.

제31장 : 전쟁(戰爭)

　좋은 병기[군사]는 상서롭지 않은 도구이다. 사람들이 혹 그것을 싫어하므로 도(道)가 있는 사람은 [거기에] 거처하지 않는다. 군자가 평소 거처할 땐 왼쪽을 귀하게 여기고, 병기[군사]를 쓸 때는 오른쪽을 귀하게 여긴다. 병기[군사]는 상서롭지 않은 도구로 군자의 도구가 아니다. 부득이 사용할 뿐이며, 고요함과 담담함을 최상으로 삼고, 승리를 불미스럽게 여긴다. 승리를 좋아하는 사람은 살인을 즐기는 것이다. 살인을 즐기는 사람은 천하[세상]에서 뜻을 이룰 수 없다. 길(吉)한 일엔 왼쪽을 숭상하고, 흉(凶)한 일엔 오른쪽을 숭상한다. [이 때문에] 편장군은 왼쪽에 자리하고, 상장군은 오른쪽에 자리하니, [이는 일군의 우두머리로 있을 때] 상례(喪禮)로 처신하는 말이다. [전쟁을 하면] 많은 사람을 죽게 하니, 슬픈 마음으로 눈물짓고, 전쟁에서 승리하더라도 상례로 처신한다.

| 원문 |

　夫佳兵者, 不祥之器.[68] 物或惡之, 故有道者不處. 君子居則貴左, 用兵則貴右. 兵者, 不祥之器, 非君子之器. 不得已而用之, 恬淡爲上, 勝而不美. 而美之者, 是樂殺人. 夫樂殺人者, 則不可以得志於天下矣. 吉事尙左, 凶事尙右.

---

68)　무릇 무기는 천하의 흉기(凶器)이며, 용맹은 천하의 흉덕(凶德)이다. 흉기를 들고 흉덕을 행하는 것은 부득이함에서 나온다. 『呂氏春秋』, 「季秋紀·論威」.

偏將軍居左, 上將軍居右, 言以喪禮處之. 殺人之衆, 以哀悲泣之, 戰勝, 以喪
禮處之.

| 자해 |

　* 가(佳): 아름답다. 병(兵): 검(劍)이나 과(戈), 모(矛) 같은 무기를 말한다.
가병(佳兵): 훌륭한 군대, 좋은 군사. 상(祥): 상서롭다. 기(器): 도구. 염(恬):
고요하다, 편안하다. 담(淡): 맑다, 담담하다. 물(物): 만물, 세상 사람들. 오
(惡): 싫어하다, 미워하다. 미(美): 아름답다, 좋아하다. 락(樂): 즐기다. 득
(得): 얻다, 이루다. 상(尙): 숭상하다. 편장군(偏將軍): 지위가 낮은 장군. 상
장군(上將軍): 지위가 높은 장군. 애(哀): 슬프다. 애비(哀悲): 슬픈 마음. 읍
(泣): 눈물짓다.

| 해영 |

　일반적으로 삶을 평할 때 두 가지를 가지고 논합니다. 즉 '길(吉)한 것인
가?' '흉(凶)한 것인가?'가 그것입니다. 가령 '사람을 살리는 일'이 길한 것
이라면, '사람을 죽이는 일'은 흉한 것입니다. 따라서 '길'한 것은 권장하
고, '흉'한 것은 그치게 하는 것이 옳습니다. 그렇다면 전쟁(戰爭)이란 어떤
것일까요. 볼 것도 없이 '흉'한 것입니다. 그럼에도 현실에선 전쟁을 불사
합니다. 게다가 '많이 죽여야 길하다고 평가'합니다.

　이는 '어리석은 사람들이 이로움[利]만 생각한 결과'입니다. 명백히 잘
못된 일입니다. 때문에 군자(君子)는 전쟁 자체를 부정합니다. 살리는 일
이 차고 넘침에도, 죽이는 일에 집중하는 것은 어불성설이기 때문입니

다. 이로움[利]엔 반드시 해로움[害]이 동반됩니다. 이를 인식하는 것이야말로 양질의 삶을 보장받을 수 있습니다. 공동체가 항구적으로 강건할 수 있는 기반이기도 합니다. 역행하면 공멸(共滅)할 따름입니다.

제32장 : 지지불태(知止不殆)

　도(道)는 항상 이름이 없다. 질박함[통나무]은 비록 소박하나 천하[세상]가 신하로 부리지 못한다. 제후나 왕이 만약 [도를] 지킬 수 있다면, 만물은 장차 절로 찾아들 것이고, 천지(天地)는 서로 화합하여 단 이슬[甘露]을 내리며, 민중들은 시키지 않아도 절로 고르게 될 것이다. [세상일을] 시작하면 이름이 있게 되고, 이름이 이미 있다면 장차 멈출 줄 알아야 한다. 멈출 줄 알면 위태롭지 않다. 비유컨대 도(道)가 천하에 존재하는 것은, 마치 계곡과 하천물이 강이나 바다로 흘러들어가는 것과 같다.

| 원문 |

　道常無名. 樸雖小, 天下莫能臣也. 侯王若能守之, 萬物將自賓, 天地相合以降甘露, 民莫之令而自均. 始制有名, 名亦旣有, 夫亦將知止.[69] 知止所以不殆. 譬道之在天下, 猶川谷之於江海.

| 자해 |

　＊박(樸): 질박하다, 통나무. 소(小): 소박하다. 능(能): 부리다. 후왕(侯王): 제후와 왕. 지(之): 앞의 수(守), 즉 도(道)를 지칭한다. 수지(守之): 도(道)를

---

[69] 그칠 것을 안 이후에 고요할 수 있고, 고요해진 이후에 편안할 수 있으며, 편안해진 이후에 생각할 수 있고, 생각한 이후에 얻을 수 있다. 『禮記』, 「大學」.

지키다. 빈(賓): 복종하다, 마치 손님처럼 찾아들다. 영(令): 시키다, 명령하다. 균(均): 고르다. 비(譬): 비유하다.

| 해영 |

도(道)의 세계 혹은 진리의 세계는 역시 이름을 붙일 수 없습니다. 따라서 통나무[태초의 모습]는 비록 작지만 그릇이나 목재로 사용되기 이전으로, 어떤 누구도 그를 신하로 삼지 못합니다. 그러므로 임금이 도(道)를 행하면, 만물이 손님처럼 찾아들고, 천지가 단 이슬을 내리며, 시키지 않아도 민중들은 화합하여 균형을 이룰 것입니다. 이를 위해선 멈출 줄 알아야 합니다. 그것이 위태로움[危]을 멀리하는 비결입니다.

제33장 : 천수(天壽)

　남을 아는 사람은 지혜롭고, 자신을 아는 사람은 현명하며, 남을 이기는 사람은 힘이 있고, 자신을 이기는 사람은 강하다. 만족할 줄 아는 사람은 부유하고, 굳세게 행하는 사람은 뜻이 있다. 제 자리를 잃지 않는 사람은 오래가고, 죽어도 사라지지 않는 사람은 천수를 누린다.

| 원문 |

　知人者智,[70] 自知者明, 勝人者有力, 自勝者强. 知足者富, 强行者有志. 不失其所者久, 死而不亡者壽.

| 자해 |

　* 지(智): 지혜롭다. 명(明): 밝다, 현명하다. 망(亡): 사라지다. 수(壽): 장수하다, 영원히 살다.

| 해영 |

　세속적인 강함과 도(道)를 아는 사람의 강함은 다릅니다. 세속에서의

---

70)　남을 이기려는 사람은 반드시 먼저 스스로를 이겨야 하고, 남을 논하려는 사람은 반드시 먼저 스스로를 논해야 하며, 남을 알려는 사람은 반드시 먼저 스스로를 알아야 한다. 『呂氏春秋』, 「季春紀·先己」.

강한 사람은 자신의 처지는 아랑곳 않고 남을 쉽게 평가하는 경우가 많습니다. 위기를 자초하는 원인입니다. 하지만 세속에서도 지혜롭고 현명하게 사는 사람은 남을 가볍게 평가하지 않습니다. 자신의 처지를 분명히 인식하고 삽니다. 도(道)의 삶과 다르지 않습니다. 이런 삶은 자리를 잃을 이유도 없고, 죽어도 사라지지 않습니다. 천수(天壽)입니다.

제34장 : 대도(大道)

대도(大道)가 넘쳐남이여, 좌(左)로도 우(右)로도 갈 수 있다. 만물이 그에 의지해 생겨나도 사양하지 않는다. 공(功)이 이뤄져도 이름을 남기지 않고, 만물을 감싸 기르지만 주인 노릇을 하지 않는다. 항상 무욕(無欲)하니, 작다고 이름 붙일 수 있고, 만물이 돌아가되 주인 노릇을 하지 않으니, 위대하다고 이름 붙일 수 있다. 이 때문에 성인(聖人)은 끝내 스스로 위대하다고 여기지 않는다. 그러므로 위대함을 이룰 수 있다.

| 원문 |

大道氾兮, 其可左右.[71] 萬物恃之而生, 而不辭. 功成不名有, 衣養萬物而不爲主. 常無欲, 可名於小, 萬物歸焉而不爲主, 可名爲大. 是以聖人, 以其終不自爲大. 故能成其大.

| 자해 |

＊ 범(氾): 넘치다, 둥둥 떠다니다. 시(恃): 믿다, 의지하다. 사(辭): 말하다, 논하다, 마다하다, 사양하다. 의(衣): 감싸다, 입히다. 양(養): 기르다.

| 해영 |

---

71) 도(道)에는 애당초 경계가 없고, 말[言]에는 애당초 항상된 이치가 없다. 『莊子』, 「齊物論」.

도(道)는 이른바 정(情)이 있어 만물을 기르는 것이 아닙니다. 그저 자연일 따름입니다. 그러므로 공(功)이 무엇보다 커도 의식하는 법이 없습니다. 사람의 경우도 다르지 않습니다. 자연처럼 움직이는 사람은 사람들이 살아가는데 도움만 제공할 뿐, 공(功)을 드러내는 법이 결코 없습니다. 그렇기 때문에 오히려 위대해집니다. 자연이 위대함을 드러내지 않는 것처럼, 사람도 드러내지 않는 것입니다. 대도는 이런 것입니다.

제35장 : 대상(大象)

큰 형상을 잡고 있으면, 천하가 그에게 귀의(歸依)한다. 귀의해도 해롭지 않으니, 편안하고 태평하다. 아름다운 음악과 맛있는 음식은 과객을 멈추게 하지만, 도(道)를 입으로 표출하면, 담담하여 맛이 없고, 보아도 볼 것이 없으며, 들어도 들을 것이 없다. [하지만 아무리] 써도 다함이 없다.

| 원문 |

執大象, 天下往. 往而不害, 安平太. 樂與餌, 過客止, 道之出口, 淡乎其無味, 視之不足見, 聽之不足聞.[72] 用之不足旣.

| 자해 |

* 집(執): 잡다. 왕(往): 그에게 귀의하다. 이(餌): 먹다, 떡 종류의 음식. 과객(過客) 길손, 지나가는 나그네. 담(淡): 담담하다. 기(旣): 진(盡)과 통용.

| 해영 |

대상(大象)은 도(道)와 다르지 않습니다. 우주가 하나의 질서 속에서 움직이듯, 우리가 호흡하는 지구도 하나의 질서 속에 있으며, 우리의 신체

---

72) 종일토록 보려 해도 보지 못하고, 들으려 해도 듣지 못하며, 만지려 해도 만질 수 없었다. 『莊子』, 「知北遊」.

구조도 크게 다르지 않습니다. 가령 오장육부(五臟六腑)의 기능도 마찬가지입니다. 이들은 우리의 의지(意志)와는 별개로 움직입니다. 그저 도(道)의 모습으로 움직일 따름입니다. 천하가 대상에 귀의하듯, 의지를 발동시켜 그들의 움직임을 따르면, 아무리 써도 다함이 없을 것입니다.

제36장 : 이기(利器)

　　장차 줄이고자 하면 반드시 먼저 베풀고, 장차 약하게 하고자 하면 반드시 먼저 강하게 해주며, 장차 없애버리고자 하면 반드시 먼저 흥하게 해주고, 장차 빼앗고자 하면 반드시 먼저 주라. 이를 은미한 밝음이라 한다. 부드럽고 약한 것이 굳세고 강한 것을 이기고, 물고기가 연못을 벗어나면 안 되듯, 국가의 이기(利器)를 사람들에게 보여서는 안 된다.

| 원문 |

　　將欲歙之, 必固張之, 將欲弱之, 必固强之, 將欲廢之, 必固興之, 將欲奪之, 必固與之.[73] 是謂微明. 柔弱勝剛强, 魚不可脫於淵, 國之利器,[74] 不可以示人.

| 자해 |

　　* 흡(歙): 줄이다, 움츠리다. 장(張): 베풀다. 폐(廢): 폐하다, 없애다. 탈(奪): 빼앗다. 미(微): 은미하다. 연(淵): 연못.

| 해영 |

---

73) 용병이란 속이는 길[궤도(詭道)]이다. 그러므로 능하면서도 불능한 것을 보여주고, 사용하면서도 사용하지 않는 것을 보여주며, 가까우면서도 먼 것을 보여주고, 멀면서도 가까운 것을 보여준다. 『孫子』, 「計篇」.

74) 이기(利器)란 나라를 이롭게 하는 도구, 즉 형벌(刑罰)과 같은 것을 뜻한다.

노자사상과 배치되는 사상입니다. 아마도 후대에 노자를 편집할 때 손자(孫子)나 한비자(韓非子) 사상이 끼어든 것으로 보입니다. 아무튼 눈여겨볼 점은 '국가의 이기(利器)를 사람들에게 보여서는 안 된다'는 점입니다. 여기서 말하는 이기(利器)는 국가를 이롭게 하는 도구, 즉 형벌(刑罰)과 같은 것을 뜻합니다. 오직 형벌로 나라를 이롭게 하려는 것은, 마치 물고기가 물에서 벗어나면 살 수 없는 것과 같은 경우입니다.

가령 사람이 걷다 넘어지면 땅을 딛고 일어서야 합니다. 마찬가지로 사람들이 자칫 형벌을 받을 수 있도록 사회 환경이 조성되어 있다면, 사실 그것부터 고치는 것이 맞습니다. 원인은 내버려두고 형벌이란 이기를 활용하는 것은 자연의 모습이 아닙니다. 특히 편의주의를 활용해 사람이 사람을 구속하는 등의 형벌은 자연에서 있을 수 없는 일입니다. 물고기가 물에서 살 듯, 사람은 사회의 구성원으로 살아가야 합니다.

제37장 : 이름 없는 박

도(道)는 항상 하는 일이 없지만, 하지 않는 일도 없다. 제후나 왕이 만약 [도를] 지킬 수 있다면, 만물은 장차 절로 교화될 것이다. 교화되어 무엇인가 작위(作爲)하고자 하면, 나는 장차 무명(無名)의 박(樸)으로 그것을 진압할 것이다. 무명(無名)의 박(樸)은 또한 욕심을 내지 않는다. 욕심을 내지 않음으로써 고요하니, 천하가 장차 절로 안정될 것이다.

| 원문 |

道常無爲, 而無不爲. 侯王若能守之, 萬物將自化.[75] 化而欲作, 吾將鎭之以無名之樸. 無名之樸, 夫亦將無欲. 不欲以靜, 天下將自定.

| 자해 |

* 후왕(侯王): 제후와 왕. 지(之): 앞의 수(守), 즉 도(道)를 지칭한다. 수지(守之): 도(道)를 지키다. 작(作): 작위하다. 진(鎭): 진압하다, 누르다. 박(樸): 질박하다, 통나무. 무욕(無欲): 욕심을 내지 않다. 정(靜): 고요하다. 정(定): 안정되다.

---

[75] 왕께서 만약 오랫동안 권력을 잡고 싶으시다면, 민중의 입을 막고 그들을 이끌어 쓸데없는 일과 번거로운 가르침에 몰두하도록 하십시오. 『淮南子』, 「道應訓」.

| 해영 |

도(道)의 삶은 인간의 의식에 지배되지 않습니다. 자연의 삶을 유지할 따름입니다. 따라서 계산된 행위를 찾아볼 수 없습니다. 다른 말로 이성적 움직임이 없습니다. 하지만 아무것도 하지 않는 것도 아닙니다. 즉 적극적으로 작위를 배제하는 것입니다. 그것이 항구적으로 삶을 이어갈 수 있는 것임을 잘 알기 때문입니다. 세상의 이치를 몰라 움직이지 않는 것과 통찰하여 움직이지 않는 것은 차원이 다른 것입니다.

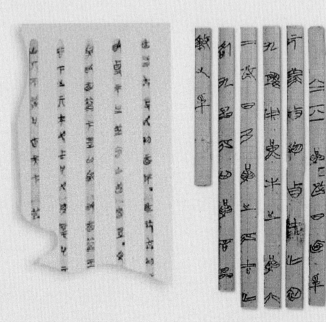

곽점초묘(郭店楚墓) 죽간(竹簡)[76]

76) 곽점초묘(郭店楚墓) 죽간(竹簡)은 1993년 호북성(湖北省) 곽점촌에서 발견되었다. 전국시대(戰國時代) 말기, 대나무 표면에 쓰여진 초나라 문서[楚竹書]로, 모두 13편의 내용이 담겨 있다. 인문학 연구에 적지 않은 문제들을 해결할 수 있는 주요 내용이 포함되어 있다.

德經

덕경

제38장 : 상덕(上德)

　최상의 덕(德)은 덕을 마음을 두지 않으니, 이 때문에 덕이 있고, 최하의 덕은 덕을 잃으려 하지 않으니, 이 때문에 덕이 없다. 최상의 덕은 무위(無爲)하되 인위(人爲)가 없고, 최하의 덕은 작위(作爲)하되 인위(人爲)가 있다. 최상의 인(仁)은 작위(作爲)하되 인위(人爲)가 없고, 최상의 의(義)는 작위(作爲)하되 인위(人爲)가 있으며, 최상의 예(禮)는 작위(作爲)하되 응함이 없으면 팔을 비틀어 끌어당긴다. 그러므로 도(道)를 잃은 후에 덕(德)이 생기고, 덕을 잃은 후에 인(仁)이 생기며, 인을 잃은 후에 의(義)가 생기고, 의를 잃은 후에 예(禮)가 생긴다. 예(禮)란 충성과 믿음이 희박해진 것이요, 혼란의 우두머리다. 이전을 아는 것은 도(道: 진리)의 꽃[화려한 겉모양]이자, 어리석음의 시작이다. 이 때문에 대장부는 후한 곳에 처하고 박한 곳에 거처하지 않으며, 열매[내용, 실질]에 처하고 꽃[형식, 껍데기]에 거처하지 않는다. 그러므로 저것[형식]을 버리고 이것[내용]을 취한다.

| 원문 |

　上德不德,[77] 是以有德, 下德不失德, 是以無德. 上德無爲而無以爲, 下德爲之而有以爲. 上仁爲之而無以爲, 上義爲之而有以爲, 上禮爲之而莫之應, 則

---

77) 지극한 지혜는 지혜를 버리고, 지극한 인(仁)은 인을 버리며, 지극한 덕(德)은 덕에 마음을 두지 않는다. 『呂氏春秋』, 「審分覽·任數」.

攘臂而扔之. 故失道而後德, 失德而後仁, 失仁而後義, 失義而後禮. 夫禮者, 忠信之薄而亂之首. 前識者, 道之華而愚之始. 是以大丈夫處其厚, 不居其薄, 處其實, 不居其華, 故去彼取此.

| 자해 |

* 무위(無爲): 인위(人爲)가 없다. 양(攘): 비틀다. 비(臂): 팔. 양비(攘臂): 팔을 비틀다. 잉(扔): 끌어당기다. 박(薄): 희박하다. 식(識): 알다. 실(實): 열매, 내실. 화(華): 꽃, 화려하다.

| 해영 |

덕(德)이란 글자를 살펴보면, 직(直)과 심(心)으로 이루어져 있습니다. 즉 '하늘의 뜻을 곧고 바르게 실천하는 마음'임을 알 수 있습니다. 이처럼 '곧고 바른 덕'을 실천함에 있어선 역시 하늘의 뜻을 그대로 재연하는 것이면 족합니다. 말하자면 하늘이 '덕'을 내리면서 작위(作爲)하지 않듯, 사람의 '덕'도 이와 다르지 않아야 합니다. 의식(意識)하지 않고 '덕'을 그대로 행하는 것, 그것이 덕이란 이름에 부합하는 것입니다.

제39장 : 하나[一]

 예로부터 하나[一]를 얻은 것은, 하늘[天]은 하나를 얻어 맑고, 땅[地]은 하나를 얻어 편안하며, 신(神)은 하나를 얻어 영험(靈驗)하고, 계곡[골짜기]은 하나를 얻어 가득 채우며, 만물(萬物)은 하나를 얻어 생겨나고, 제후나 왕[侯王]은 하나를 얻어 천하의 중심이 된다. 그것들을 이루어준 것은 하나[一]이니, 하늘이 [하나로] 맑지 못하면 아마도 분열되었을 것이고, 땅이 [하나로] 편안하지 못하면 아마도 갈라졌을[벌어졌을] 것이며, 신(神)이 [하나로] 영험하지 못하면 아마도 소멸되었을 것이고, 계곡이 [하나로] 가득 채우지 못하면 아마도 고갈되었을 것이며, 만물이 [하나로] 생겨나지 않았다면 아마도 소멸되었을[사라졌을] 것이고, 제후나 왕[侯王]이 [하나로] 고귀함이 없었으면 아마도 전복되었을 것이다. 그러므로 귀(貴)한 것은 천(賤)한 것을 근본으로 삼고, 높은 것은 낮은 것을 기초로 삼는다. 이 때문에 제후나 왕[侯王]은 자신을 고아(孤兒)나 과부(寡婦), 쭉정이[不穀]라 부르니, 이것이 천(賤)한 것을 근본으로 삼는 것이 아니겠는가. 그렇지 않은가. 그러므로 명예[수레]를 여러 번 얻으면 [오히려] 명예가 없어지는 것이니, 옥(玉)처럼 진기(珍奇)해지려거나 돌[石]처럼 드러내려 하지 않는다.

| 원문 |

 昔之得一者, 天得一以淸, 地得一以寧, 神得一以靈, 谷得一以盈, 萬物得一以生, 侯王得一以爲天下貞.[78] 其致之一也, 天無以淸, 將恐裂, 地無以寧, 將恐發, 神無以靈, 將恐歇, 谷無以盈, 將恐竭, 萬物無以生, 將恐滅, 侯王無以貴高, 將恐蹶. 故貴以賤爲本, 高以下爲基. 是以侯王自謂孤, 寡, 不穀, 此非以賤爲本邪. 非乎. 故致數輿無輿, 不欲琭琭如玉, 珞珞如石.

| 자해 |

* 석(昔): 옛날. 영(寧): 편안하다. 영(靈): 신령, 영험하다. 이위(以爲): ~되다. 정(貞): 정(正)과 장(長)과 통용, 즉 표준, 중심을 뜻한다. 공(恐): 아마도, 두렵다. 열(裂): 찢어지다, 분열되다. 발(發): 일어나다, 갈라지다, 벌어지다, 즉 지진(地震) 등으로 땅이 벌어지는 모습을 뜻한다. 헐(歇): 쉬다, 소멸하다. 갈(竭): 다하다, 고갈되다.

* 멸(滅): 사라지다, 소멸되다. 궐(蹶): 넘어지다, 엎어지다, 전복되다. 천(賤): 천하다. 고(孤): 외로운 사람. 과(寡): 덕(德)이 없는 사람. 불곡(不穀): 알곡이 들어있지 않은 쭉정이. 야(邪): 의문사. 치(致): 이르다, 얻다. 수(數): 여러, 헤아리다. 여(輿): 수레, 명예. 록(琭): 진기하다, 아롱거리다, 반짝이다. 락(珞): 반질거리다, 드러내다.

| 해영 |

자연은 역시 하나[一]입니다. 모두가 통합니다. 즉 핵심은 하나에서 벗어나지 않습니다. 우주의 기(氣)가 하나이니, 그 다음 것은 말할 것도 없

---

78) 성왕(聖王)이 하나[一]를 잡으면 사방의 오랑캐가 복종한다. 하나를 잡는 사람은 지극히 귀(貴)한 사람이니, 지극히 귀한 사람에게는 적(敵)이 없다.『呂氏春秋』,「離俗覽·爲欲」.

을 것입니다. 해와 달의 움직임은 물론 모든 별의 움직임도 하나의 길을 따릅니다. 다시 말해 노자가 언급한 하늘이든 땅이든 신령이든 계곡이든 만물이든 제후든 모두가 하나를 얻어 맑고, 편안하고, 영험하고, 채우고, 생겨나고, 중심이 되는 것입니다. 이처럼 도는 간단합니다.

제40장 : 반동(反動)

되돌아가는 것은 도(道)의 움직임이고, 유약한 것은 도(道)의 작용이다. 천하의 만물은 유(有)에서 생겨나고, 유(有)는 무(無)에서 생겨난다.

| 원문 |

反者,[79] 道之動, 弱者, 道之用. 天下萬物生於有, 有生於無.

| 자해 |

* 반(反): 되돌리다, 되돌아가다. 약(弱): 유약하다. 용(用): 작용하다.

| 해영 |

도(道)의 길은 하나입니다. '자연의 길'입니다. 자연의 길을 따라가다 보면 출발했던 곳으로 반드시 돌아옵니다. 가령 봄이 가면 더운 여름이 오고, 여름이 가면 서늘한 가을이 옵니다. 가을이 가면 추운 겨울이 오며, 겨울이 가면 다시 따뜻한 봄이 옵니다. 이처럼 자연은 거짓이 없습니다. 가면 반드시 돌아옵니다. 사람의 삶도 다르지 않습니다. 고(苦)가 한 번 오면 락(樂)도 한 번 옵니다. '지혜는 바로 여기서 비롯'됩니다.

---

79) 일이란 많은 경우 잘못되는 듯하다 잘 되고, 잘되는 듯하다 잘못되기 십상이다. 잘되던 것이 잘못되고, 잘못되던 것이 잘되는 것을 알아야 더불어 이야기 할 수 있다. 지극히 긴 것은 거꾸로[反] 짧아지고, 지극히 짧은 것은 거꾸로[反] 길어지는 것이 하늘의 도(道)다. 『呂氏春秋』, 「似順論·似順」.

제41장 : 상사(上士)

상사[최상의 선비]가 도(道)를 들으면 부지런히 행하고, 중사(中士)가 들으면 반신반의하며, 하사(下士)가 들으면 크게 비웃는다. 비웃지 않으면 도(道)가 되기에 부족하다. 그러므로 이런 말이 있게 되었다. 밝은 도(道)는 어두운 듯하고, 나아가는 도(道)는 물러나는 것 같으며, 편안한 도(道)는 어그러진 것 같고, 최상의 덕(德)은 계곡[골짜기] 같으며, 크게 결백한 것은 욕된 것 같고, 광대한 덕(德)은 부족한 것 같으며, 굳건한 덕(德)은 구차한 것 같고, 질박하고 참된 것은 변덕스러운 것 같으며, 크게 방정한 것은 모퉁이가 없고, 큰 그릇은 늦게 이루어지며, 큰 소리는 소리가 희박한 듯하고, 큰 형상은 형체가 없으며, 도(道)는 숨어 이름이 없다. 오직 도(道)만이 잘 빌려주고 또 이루어준다.

| 원문 |

上士聞道, 勤而行之, 中士聞道, 若存若亡, 下士聞道, 大笑之. 不笑不足以爲道. 故建言有之. 明道若昧, 進道若退, 夷道若纇, 上德若谷, 大白若辱, 廣德若不足, 建德若偸, 質眞若渝, 大方無隅, 大器晚成, 大音希聲,[80] 大象無形, 道隱無名. 夫唯道, 善貸且成.

---

80) 슬프구나. 큰 소리는 세상 사람의 귀에 들어가지 않고, 듣기 좋은 유행가는 갈채를 받는다. 이 때문에 고매한 말은 뭇사람의 마음에 들지 않으니, 지극한 말이 나오지 않으면 속된 말이 유세를 떨치는 법이다. 『莊子』, 「天地」.

* 근(勤): 부지런하다. 약존약망(若存若亡): 있는 것 같기도 하고, 없는 것 같기도 하다, 반신반의하다. 소(笑): 비웃다. 건(建): 세우다, 만들어지다. 건언(建言): 세워진 말, 세상에 알려진 말. 매(昧): 어둡다. 이(夷): 인(仁)과 통용, 편안하다, 평평하다. 뇌(纇): 어그러지다, 깊은 웅덩이. 투(偸): 훔치다, 가볍다, 구차하다. 투(渝): 달라지다, 이랬다저랬다 변덕스럽다. 우(隅): 모퉁이. 희(希): 희(稀)와 통용, 즉 희박하다. 은(隱): 은미하다, 숨다.

| 해영 |

철학이나 사상은 이른바 '사회지도층 사람들의 전유물'이었습니다. 이젠 세상이 변해 철학과 사상을 일반 민중들과도 논합니다. 민중들이나 지도층이나 신분의 격이 사라졌을 뿐만 아니라 지적 수준도 별 차이가 없기 때문입니다. 그럼에도 굳이 따지자면 노자가 지적한 점은 달라지지 않은 듯합니다. 바로 상사와 중사, 하사의 의식 수준입니다. 중사나 하사 정도의 수준으론 아직도 철학과 사상을 논할 수 없기 때문입니다.

가령 노자가 언급한 상사(上士) 수준의 사람은 철학자로부터 도(道)를 들으면 기쁘게 생각해 부지런히 행하지만, 중사(中士) 수준의 사람은 옳은 말씀으로 여기기도 하고 시대에 부합되지 않는 것으로 생각하기도 합니다. 그런가 하면 하사(下士) 수준의 사람은 도(道)를 들으면 크게 비웃는다는 말씀에 정확히 부합합니다. 수준을 논할 수 없는 사람들이 아직도 차고 넘칩니다. 지금 바로 여기서도 도(道)가 필요한 이유입니다.

제42장 : 하나의 도(道)

도(道)는 하나[太極]를 낳고, 하나는 둘[陰陽]을 낳으며, 둘은 셋[三才]⁸¹⁾을 낳고, 셋은 만물을 낳는다. 만물은 음(陰)을 짊어지고 양(陽)을 품으며, 충기(沖氣: 텅 빈 기운)로 조화를 이룬다. 사람들이 싫어하는 것은 오직 고아(孤兒)나 과부(寡婦), 쭉정이[不穀]라 하는데, 왕공(王公)은 자신의 칭호로 삼는다. 그러므로 사물은 혹 덜어내면 더해지고, 혹 더하면 덜어지기도 한다. 사람들이 가르치는 것을 나 또한 가르친다. 억지로 강해지려는 사람은 제명에 죽지 못하니, 나는 장차 가르침을 어버이로 삼고자 한다.

| 원문 |

道生一,⁸²⁾ 一生二, 二生三, 三生萬物. 萬物負陰而抱陽, 沖氣以爲和. 人之所惡, 唯孤, 寡, 不穀, 而王公以爲稱. 故物或損之而益, 或益之而損. 人之所教, 我亦教之. 强梁者, 不得其死,⁸³⁾ 吾將以爲教父.

| 자해 |

---

81) 삼재(三才)는 하늘[天]과 땅[地], 사람[人]을 말한다. 다른 말로 삼극(三極)과 삼령(三靈), 삼원(三元), 삼의(三儀)를 뜻하기도 한다.
82) 이미 하나가 되었으니, 또 말이 있을 수 있는가. 이미 하나라고 하였으니, 또 말이 없을 수 있는가. 하나와 말이 합해져 둘이 되고, 둘과 하나가 합해져 셋이 된다. 『莊子』, 「齊物論」.
83) 부득기사(不得其死)는 제대로 된 죽음을 얻지 못하는, 즉 비명횡사(非命橫死)와 같은 뜻이다.

* 도(道): 혼돈이자 자연을 뜻함. 부(負): 등에 짐을 지다. 포(抱): 품다. 충(沖): 비다, 가운데, 텅 빈 가운데. 충기(沖氣): 충허지기(沖虛之氣)를 뜻함, 즉 텅 빈 기운. 오(惡): 싫어하다. 고(孤): 외로운 사람. 과(寡): 덕(德)이 없는 사람. 불곡(不穀): 알곡이 들어있지 않은 쭉정이. 강(强): 억지를 부리다, 힘을 쓰다. 양(梁): 대들보, 강함.

| 해영 |

도(道)는 인식할 수 없습니다. 의식할 수도 없습니다. 하지만 도(道)엔 작용이 있습니다. 작용은 만물에 하나로 흐릅니다. 즉 공통적으로 작용합니다. 노자가 주장한 하나[一]란 것은 바로 이것입니다. 가령 유가(儒家) 철학자인 주돈이[84]가 태극도(太極圖)에서 주장한 '태극'이 그것이고, 기독교에서 주장하는 '창조주'가 그것입니다. 여하튼 하나의 작용이 있으면 그것은 두 가지 형태로 표현됩니다. 음양과 같은 경우입니다.

말하자면 하나의 공에 빛을 가하면 밝은 부분[陽]과 어두운 부분[陰]으로 나뉩니다. 하나의 길에선 좌로도 가고 우로도 갑니다. 태극(太極)도 다르지 않습니다. 끊임없이 음(陰)과 양(陽)으로 나눠 주야장천 움직입니다. 성별[남·녀]이 그렇고 계절[봄·여름·가을·겨울]이 그렇고 방위[동·서·남·북]가 그렇습니다. 이렇게 하나 둘 나누다 보면 끝도 없습니다. 때문에 하

---

[84] 주돈이(周敦頤: 1017~1073)의 자(字)는 무숙(茂叔), 호(號)는 염계(濂溪)다. 북송(北宋)의 철학가로, 유가(儒家) 사상에 음양오행(陰陽五行) 이론을 융합하여 천리(天理)와 인성(人性)에 대해 설파하는 『태극도설(太極圖說)』과 『통서(通書)』 등을 지었다. 이학(理學)의 창시자로 일컬어진다.

나가 둘을 낳고 둘이 셋을 낳고 셋이 만물을 낳는 것입니다.

　여기서 주목할 점이 있습니다. 음양(陰陽)에서 무한 확대 재생산되는 것
으로도 볼 수 있지만, 역으로 보면 하나의 길로도 볼 수 있습니다. 가령
태극(太極)에서 음양으로 나누어진 것처럼, 사람도 남녀로 나누어진 것이
고, 하루도 밤낮으로 나누어져 있을 뿐입니다. 이런 과정을 송(宋)나라의
주돈이(周敦頤)가 태극도(太極圖)란 그림으로 잘 표현했는데, 여기 보면 두
번째 그림이 이 '두 요소를 그대로 표현'하고
있습니다.

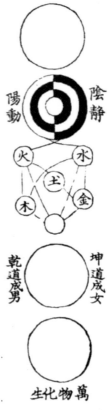

　음(陰)이 현실적으로 음으로 보이지만, 태
극에서 결코 벗어나 있지 않고, 양(陽)이 양으
로 보이지만 태극에서 결코 벗어나 있지 않
습니다. 즉 음 속에 양이 존재하고, 양 속에
음이 존재하는 것입니다. 또한 양 속에 또 음
이 존재하고, 음 속에 또 양이 있어 태극으로
지향합니다. 그래서 가운데에 태극인 ○을 그
려 넣은 것입니다. 또 현실적으로 음과 양이
태극이기 위해서 음이 양과 함께 있고, 양이
음과 함께 있습니다.

주돈이(周敦頤)의 태극도(太極圖)

제43장 : 불언지교(不言之敎)

천하에서 지극히 부드러운 것이 천하에서 지극히 견고한 것을 뚫고, 무(無)는 틈이 없어도 들어갈 수 있다.[85] 나는 이로써 무위(無爲)의 유익함을 알 수 있다. 말없는 가르침과 무위(無爲)의 유익함, 천하에서 그것을 알고 따르는 사람은 드물다.

| 원문 |

天下之至柔, 馳騁天下之至堅, 無有入無間.[86] 吾是以知無爲之有益. 不言之敎, 無爲之益, 天下希及之.

| 자해 |

* 지유(至柔): 지극히 부드럽다. 치빙(馳騁): 말을 달리다, 마음 내키는 대로 하다. 지견(至堅): 지극히 견고하다. 희(希): 희(稀)와 통용, 즉 드물다. 급(及): 미치다, 따르다.

---

85) 세상의 사물 가운데 나무[木]나 돌[石]보다 견고한 것이 없지만, 물[水]은 그것에 스며들 수 있고, 바람은 그것을 건조시킬 수 있다. '지극히 부드러운 것이 지극히 견고한 것을 뚫고, 무(無)는 틈이 없어도 들어갈 수 있다'는 말이 나온 이유다.
86) 때려도 찢어지지 않고, 찔러도 상하지 않으며, 잘라도 잘라지지 않고, 태워도 태워지지 않는다. 질척하게 흘러 다니고 뒤섞여 몰려다니면서도 뭉개지지 않으니, 그 날카로움은 금석을 뚫고, 그 강함은 천하에 통한다. 『淮南子』, 「原道訓」.

도(道)는 유연합니다. 때문에 포용하는 힘이 있습니다. 가령 형제간 다툼이 벌어집니다. 형은 아우를 포용하지 않고, 아우 또한 형을 포용하지 않습니다. 하지만 부모 입장에선 형제를 모두 포용합니다. 나라의 구성원들 간에도 마찬가집니다. 평소엔 더 취하기 위해 경쟁적으로 다투지만, 다른 나라의 구성원들과 만나면 금방 유연성을 발휘합니다. 형제가 아닌 부모, 개인이 아닌 공동체 입장에선 모두가 포용대상입니다.

제44장 : 지족불욕(知足不辱)

명예와 몸 중에서 어느 것이 친한가. 몸과 재물 중에 어느 것이 중요한가. 얻는 것과 잃는 것 중에서 어느 것이 병인가. 이 때문에 심히 아끼면 반드시 크게 허비하게 되고, 많이 저장하면 반드시 크게 잃는다. 만족을 알면 욕될 일이 없고, 그칠 줄 알면 위태롭지 않으니, [그래서] 오래갈 수 있다.

| 원문 |

名與身孰親. 身與貨孰多. 得與亡孰病.[87] 是故甚愛必大費, 多藏必厚亡. 知足不辱, 知止不殆, 可以長久.

| 자해 |

* 친(親): 친하다, 좋다, 가깝다. 숙(孰): 누가, 어느 것. 다(多): 많다, 중요하다. 심(甚): 심하다. 애(愛): 아끼다. 비(費): 허비하다, 소비하다. 장(藏): 감추다, 저장하다. 욕(辱): 욕되다, 치욕을 당하다. 태(殆): 위태롭다.

---

[87] 소인(小人)은 이익을 위해 몸을 죽이고, 군자(君子)는 이름을 위해 몸을 죽이며, 대부(大夫)는 집안을 위해 몸을 죽이고, 성인(聖人)은 천하를 위해 몸을 죽인다. 이 몇 가지 경우는 사업이 다르고 명성도 다르지만, 본성을 해치고 몸을 죽이는 것은 마찬가지다. 『莊子』, 「騈拇」.

주지하듯 오늘날은 자본주의가 맹위를 떨치고 있습니다. 현대인들에게 시사점을 던져주는 메시지입니다. 가령 명예와 몸을 비교할 때, 겉으론 몸이 중요하다고 하면서도 속으론 명예를 중시합니다. 재물과 비교해도 마찬가집니다. 잃는 것이 본질임에도 얻는 것을 더 선호합니다. 이런 정서로 귀한 목숨도 보전하지 못합니다. 만족(滿足)[88]을 알아야 합니다. 그래야 위태롭지 않습니다. 행복(幸福)은 그 가운데 존재합니다.

---

[88] 만족(滿足)의 만(滿)은 '가득차다'이고, 족(足)은 발목을 뜻한다. 즉 '물이 발목까지 찼을 때'를 의미한다. 가령 해수욕장에서 물이 발목을 넘어 배꼽을 지나 가슴까지 찼다고 치자. 깊어질수록 위협이 되는 것은 누구나 안다. '만족을 알면 위태롭지 않다'는 말은 여기서도 통한다.

제45장 : 천하의 바름

크게 이루어진 것은 결함이 있는 듯하나, 그 쓰임은 피폐하지 않고, 크게 채워진 것은 비어 있는 듯하나, 그 쓰임은 궁색하지 않다. 크게 곧음은 굽은 듯하고, 크게 교묘한 것은 졸렬한 듯하며, 큰 변설은 어눌한 듯하다. [몸을] 활발하게 움직여 추위를 이기고, 고요함으로 더위를 이기니, 맑음과 고요함은 천하의 바름[기준]이 된다.

| 원문 |

大成若缺, 其用不弊, 大盈若沖, 其用不窮. 大直若屈, 大巧若拙, 大辯若訥. 躁勝寒, 靜勝熱,[89] 淸靜爲天下正.

| 자해 |

* 결(缺): 결함, 이지러지다. 폐(弊): 해지다, 피폐하다. 충(沖): 비다, 가운데, 텅 빈 가운데. 궁(窮): 궁하다, 다하다. 굴(屈): 굽다, 뜻을 굽히다. 교(巧): 기교, 교묘하다. 졸(拙): 졸렬하다. 변(辯): 변설, 말을 잘하다. 눌(訥): 어눌하다, 더듬다. 조(躁): 성급하다, 조급하다, 움직이다. 청정(淸靜): 맑음과 고요함.

---

89) 움직이면 자기 자리를 잃을 것이니, 고요해야만 자득한다. 『管子』, 「心術」.

| 해영 |

자연의 모습에서 찾습니다. 크게 이루어진 것은 어딘지 결함이 있어 보입니다. 천지(天地)의 경우가 그렇습니다. 계절을 번갈아 운행하면서 쉼 한번 없음에도 그 쓰임은 결코 피폐해지지 않습니다. 크게 채워진 것은 강(江)이나 바다[海]와 같습니다. 모든 천(川)이 흘러들지만 넘치는 법이 없습니다. 노련하면서 서툰 듯하고, 진솔하면서도 어눌한 듯합니다. 하지만 정확합니다. 천하의 바름[正]은 이런 것에서 출발합니다.

제46장 : 지족(知足)

천하에 도(道)가 있으면 [전장에서] 달리던 말을 되돌려 똥거름 주는데
쓰고, 천하에 도(道)가 없으면 전장에서 쓰는 말이 교외에서 나온다. 죄
(罪)는 욕심을 내는 것보다 큰 것이 없고, 재앙[禍]은 만족을 모르는 것보
다 큰 것이 없으며, 허물[咎]은 얻으려는 것보다 큰 것이 없다. 그러므로
만족(滿足)을 아는 만족이 항상 만족스런 것이다.

| 원문 |

天下有道, 却走馬以糞, 天下無道, 戎馬生於郊. 罪莫大於可欲,[90] 禍莫大於
不知足, 咎莫大於欲得. 故知足之足, 常足矣.

| 자해 |

* 각(却): 물리치다, 되돌리다. 분(糞): 똥. 융(戎): 병기. 융마(戎馬): 전장에
서 쓰는 말. 교(郊): 교외, 국경 밖. 화(禍): 재앙. 구(咎): 허물, 재앙. 족(足):
만족하다.

---

[90] 마음을 기르는 데는 욕심을 적게 하는 것보다 좋은 것이 없다. 사람됨이 욕심이 적으면 간
직하지 못한 것이 있더라도 적을 것이며, 사람됨이 욕심이 많으면 간직한 것이 있더라도 적을
것이다. 『孟子』, 「盡心下」.

도(道)가 있는 세상에선 사람이 욕심에 끌려다니지 않습니다. 그저 자연의 이치에 따라 움직입니다. 하지만 세상에 도(道)가 없을 땐 완전 반대로 움직입니다. 온갖 욕심이 발동하여 끌려다닙니다. 죄(罪)는 욕심을 내는 것에서 비롯되고, 재앙은 만족을 모르는 데에서 시작되며, 허물[咎]은 얻으려는 것에서 생긴다고 일러줘도 아랑곳하지 않습니다. 그래서 삶이 늘 피곤합니다. 도(道)의 세상으로 시급히 전환할 때입니다.

제47장 : 참된 삶

집을 나서지 않아도 천하(天下)를 알고, 창밖을 내다보지 않아도 천도(天道)를 안다. 그 나아감이 멀어질수록 그 지식은 더욱 협소해진다. 이 때문에 성인(聖人)은 돌아다니지 않아도 알고, 보지 않아도 밝으며, 작위(作爲)가 없어도 이뤄진다.

| 원문 |

不出戶, 知天下, 不窺牖, 見天道.[91] 其出彌遠, 其知彌少. 是以聖人不行而知,[92] 不見而名, 不爲而成.

| 자해 |

* 호(戶): 집, 문. 규(窺): 엿보다, 내다보다. 유(牖): 창. 미(彌): 두루 미치다, 더욱. 원(遠): 멀어지다. 명(名): 명(明)과 통용, 즉 밝다. 위(爲): 인위, 작위.

---

[91] 가장 좋은 것은 자신에게서 구하는 것이고, 그 다음이 남에게서 구하는 것이다. 찾는 곳이 멀면 멀수록 점점 더 멀리 떨어질 것이고, 구하는 것을 억지로 하면 할수록 점점 더 많이 잃을 것이다. 『呂氏春秋』, 「季春紀·論人」.

[92] 인(仁)이 멀리 있는가. 내가 원하면 인(仁)은 나에게 이를 것이다. 『論語』, 「述而」.

일각이지만, 자연이 아닌 세상을 '가상의 세계'로 해석하는 경우가 있습니다. 즉 지금 우리가 살고 있는 세상이 '가상의 세상'인 것입니다. 가상의 세상에선 경쟁이 치열합니다. 때와 장소를 가리지 않습니다. 경쟁이 심화될수록 참된 세상과는 거리가 멀어집니다. 더 많은 학교를 다니고, 더 많은 사람과 교류해도 지적 수준과 신뢰 수준은 오히려 떨어집니다. 성인(聖人)의 삶, 즉 참된 자연의 삶으로 돌아갈 때입니다.

제48장 : 덜어내는 삶

배움을 행하면 날로 더하고, 도(道)를 행하면 날로 덜어진다. 덜어내고 또 덜어내어 무위(無爲)에 이르면, 함[爲]이 없어도 되지 않는 일이 없다. 천하(天下)를 취함은 항상 무사(無事)로 하는 것이지, 유사(有事)로 하면 천하(天下)를 취하기에 부족하다.

| 원문 |

爲學日益, 爲道日損.[93] 損之又損, 以至於無爲, 無爲而無不爲. 取天下, 常以無事, 及其有事, 不足以取天下.

| 자해 |

* 위학(爲學): 학문을 행하다, 배움을 행하다. 익(益): 더하다. 손(損): 덜다. 무위(無爲): 함이 없다, 인위(人爲)가 없다. 급(及): 미치다.

| 해영 |

'배운다는 것'은 지식(知識)을 쌓는 일입니다. 지식을 쌓는 것은 본질적으로 '참된 도(道)를 얻기 위함'입니다. 하지만 실상에선 완전 딴판입니다. 도(道)의 경쟁이 아닌, 물질적인 경쟁만이 횡행합니다. 즉 인위(人爲)적인

---

93) 많이 듣되 그 선(善)한 것을 택하여 따를 것이다. 『論語』, 「述而」.

삶이 판을 치는 것입니다. 세상살이가 고달픈 이유입니다. 이를 벗어나기 위해선 무위(無爲)의 삶이 필요합니다. 무위의 삶은 자연의 삶이요, 우주의 삶입니다. 쌓기보다 덜어내는 것이 더욱 중요합니다.

제49장 : 성인(聖人)의 마음

성인(聖人)은 항상 된 마음이 없으니, 백성의 마음으로 [자신의] 마음을 삼는다. 선(善)한 사람을 나도 선하게 여기고, 불선(不善)한 사람 또한 나는 선하게 여긴다. 그런 덕(德)은 참으로 선한 것이다. 신의(信義)가 있는 사람을 나도 신뢰하고, 신의가 없는 사람 또한 나는 신뢰한다. 그런 덕(德)은 참으로 신의가 있는 것이다. 성인이 천하에 있으면 조심스레 천하를 그 윽한 마음으로 감싸니, 백성은 모두 이목을 집중하고, 성인은 모두 그들을 아이처럼 대한다.

| 원문 |

聖人無常心, 以百姓心爲心. 善者吾善之, 不善者吾亦善之.[94] 德善. 信者吾信之, 不信者吾亦信之. 德信. 聖人在天下, 歙歙爲天下渾其心, 百姓皆注其耳目, 聖人皆孩之.

---

94) 『한시외전(漢詩外傳)』에 이런 말이 나온다. 자로(子路)와 자공(子貢), 안회(顔回)의 이야기다. 자로가 말했다. "남이 나를 잘 대해주면 나도 잘 대해줄 것이고, 남이 나를 잘 대해주지 않으면 나도 잘 대해주지 않을 것이다." 자공이 말했다. "남이 나를 잘 대해주면 나도 잘 대해줄 것이고, 남이 나를 잘 대해주지 않으면 나는 그와 함께 상황에 따라 나아가기도 하고, 물러서기도 할 것이다." 안회가 말했다. "남이 나를 잘 대해주면 나도 잘 대해줄 것이고, 남이 나를 잘 대해주지 않아도 나는 잘 대해줄 것이다." 세 사람이 주장하는 바가 각각 달랐다. 이에 공자(孔子)가 말했다. "자로의 주장은 야만인의 주장이고, 자공의 말은 친구사이에서 있을 수 있는 말이며, 안회의 말은 친속(親屬)사이에서 있을 수 있는 말이다." 『漢詩外傳』, 卷9.

* 상(常): 항상. 덕선(德善): 덕(德)이 참으로 선하다. 덕신(德信): 덕(德)이 참으로 신의가 있다. 흡(歙): 움츠리다, 조심하다, 줄이다. 혼(渾): 골짜기에 안개가 끼어 모든 것이 구별되지 않는 현상, 즉 성인(聖人)은 맑게 구별하는 것이 없기 때문에 이렇게 표현한 것이다. 해(孩): 어린아이.

| 해영 |

성인(聖人)의 마음은 항상 비어 있는 듯합니다. 때문에 백성의 마음과 통할 수 있습니다. 선(善)한 사람을 만나도 통하고, 불선(不善)한 사람을 만나도 통합니다. 즉 선한 사람은 도(道)가 같아 통하고, 불선한 사람은 감화되어 통합니다. 말하자면 성인의 마음은 늘 텅 비어 있기 때문에 선(善)과 불선(不善), 신(信)과 불신(不信)의 대상이 애초부터 존재하지 않는 것입니다. 백성을 어린아이 다루듯 합니다. 성인의 삶입니다.

제50장 : 섭생(攝生)

나옴은 사는 것이요, 들어감은 죽는 것이니, 삶의 무리가 열에 셋이요, 죽음의 무리가 열에 셋이다. 사람이 살다가 사지(死地)로 이동하는 무리도 열에 셋이니, 무엇 때문인가. 삶을 두텁게 함이 [지나치기] 때문이다. 듣기로 '섭생을 잘하는 사람은 육로(陸路)를 가도 코뿔소나 호랑이를 만나지 않고, 군대에 들어가도 갑옷이나 병기에 피해가 없다고 했다.' 코뿔소는 그 뿔로 받을 곳이 없고, 호랑이는 그 발톱으로 할퀼 곳이 없으며, 병사는 그 칼날로 찌를 곳이 없다. 무엇 때문인가. 사지(死地)가 없기 때문이다.

| 원문 |

出生入死,[95] 生之徒十有三, 死之徒十有三. 人之生動之死地, 亦十有三, 夫何故. 以其生生之厚. 蓋聞善攝生者,[96] 陸行不遇兕虎, 入軍不被甲兵. 兕無所投其角, 虎無所措其爪, 兵無所容其刃. 夫何故. 以其無死地.

---

95) 옛날의 진인(眞人)은 삶을 즐거워하지 않았고, 죽음을 싫어하지도 않았다. 그 태어남을 기뻐하지도 않았고, 그 돌아감을 거부하지도 않았으며, 거칠 것 없이 가고 거칠 것 없이 왔을 따름이다. 『莊子』, 「大宗師」.

96) 섭생(攝生)을 잘한다는 것은, 코뿔소가 앞에 나타나지 않도록 하고, 호랑이가 앞에 나타나지 않도록 하며, 병사들이 서로 죽이는 전쟁이 일어나지 않도록 하는 것을 뜻한다.

* 생지도(生之徒): 삶의 무리. 사지(死地): 죽는 곳. 후(厚): 두텁다. 개(蓋): 대개. 섭(攝): 끌어 잡다, 대신하다. 시(兕): 코뿔소. 피(被): 입다, 미치다. 갑병(甲兵): 갑옷과 병기. 투(投): 던지다, 들이다. 조(措): 두다. 조(爪): 손톱, 발톱. 조기조(措其爪): '그 발톱을 둔다'는 것은 발톱으로 할퀸다는 것을 말한다. 인(刃): 칼날.

| 해영 |

호흡(呼吸)으로 삶[生]과 죽음[死]을 논하는 경우가 있습니다. 가령 유가(儒家)에선 어머니 자궁(子宮)에서 아이가 세상에 나올 때, 호(呼)하면서 나온다고 하여 삶[生]이라 하고, 죽을 땐 흡(吸)하면서 삶을 마무리하기 때문에 죽음[死]을 뜻합니다. 불가(佛家)는 이와 반대입니다. 호(呼)는 기(氣)가 안에서 밖으로 나간다고 하여 죽음[死]을 뜻하고, 흡(吸)은 기(氣)가 밖에서 안으로 들어오는 것이라 하여 삶[生]이라 합니다.

도가(道家)에선 또 다릅니다. 자연의 삶으로 표현합니다. 어머니가 열의 자식을 낳으면 셋 정도는 살아가고, 나머지는 제대로 성장하지 못합니다. 선택 집중해서 양육하는 오늘날의 모습과는 완전 딴판입니다. 여하튼 이런 현상을 운명과 자유의지로 대체해보면 지혜를 얻을 수 있습니다. 운명을 개척하는, 즉 자유의지를 통해 삶을 개척할 수 있는 확률이 33%는 된다는 것입니다. 자연이 우리에게 일러주는 코드입니다.

제51장 : 도덕(道德)

도(道)는 낳고, 덕(德)은 기르며, 물(物)은 나타나고, 세(勢)는 완성시킨다. 이 때문에 만물은 '도'를 높이고 '덕'을 귀하게 여기지 않는 것이 없다. '도' 를 높이고, '덕'을 귀하게 여기는 것은 명(命)하지 않아도 항상 스스로 그 런 것이다. 그러므로 '도'는 낳고, '덕'은 기르며, 생장시키고 발육시키며, 정지[완성]시키고 시들게[성숙]하며, 양육하고 덮어준다. 낳아 주되 소유 하지 않고, [남을] 위해 주되 바라지 않으며, 길러주되 주재(主宰)하지 않 으니, 이를 현묘한 덕이라 한다.

| 원문 |

道生之, 德畜之, 物形之, 勢成之. 是以萬物, 莫不尊道而貴德. 道之尊, 德之 貴, 夫莫之命而常自然. 故道生之, 德畜之, 長之育之, 亭之毒之, 養之覆之. 生 而不有, 爲而不恃, 長而不宰, 是謂玄德.[97]

| 자해 |

* 흑(畜): 기르다. 형(形): 나타나다, 드러나다. 세(勢): 기세. 존(尊): 높이

---

[97] 명왕(名王)의 다스림은 공(功)이 천하를 덮을 만한데도 자기로부터 나온 것이 아닌 것처 럼 행동하고, 교화(敎化)는 만물에 미치는데도 민중들은 그것에 의지하지 않는다. 『莊子』, 「應 帝王」.

다. 귀(貴): 귀하게 여기다. 명(命): 명하다. 정(亭): 멈추다, 정지하다, 완성하다. 독(毒): 성숙하다, 죽다. 양(養): 양육하다, 보살피다. 복(覆): 부(復)와 통용, 즉 부활하다, 덮어주다. 시(恃): 바라다, 기대하다, 생색내다. 재(宰): 주재하다.

| 해영 |

도덕(道德)이란 말이 여기서 비롯됐습니다. 도(道)는 낳고, 덕(德)은 길러주는 것입니다. 즉 매일 생겨나는 도(道)를 잘 길러야 한다는 말입니다. 가령 지도자를 선발할 때 도덕성(道德性)을 검증하는 과정을 거칩니다. 말하자면 '매일 생기는 도'를 잘 길렀는지[개인의 역사]를 역(逆)으로 추적하는 것입니다. 여기서 중요한 것은 낳아 주되 소유하지 않고, 위해 주되 기대하지 않으며, 길러주되 주재(主宰)하지 않는 것입니다.

제52장 : 욕망의 문

천하(天下)에 시작이 있어, 그것을 천하의 어미로 삼는다. 이미 그 어미를 얻고 나니 그 자식을 알았다. 이미 그 자식을 알고 나서 다시 그 어미를 지키니, 죽을 때까지 위태롭지 않다. 그 욕망의 길[兌]을 막고 그 문을 닫으면 종신토록 수고롭지 않으나, 그 욕망의 길을 열고 그 일을 도모[濟]하면 종신토록 구제하지 못한다. 은미함[小] 보는 것을 밝음이라 하고, 부드러움 지키는 것을 강(强)이라 하며, 그 빛을 사용하여 그 밝음으로 복귀시키면, 자신에게 재앙이 남지 않으니, 이것이 도(道)의 영원함을 익히는 것이다.

| 원문 |

天下有始,[98] 以爲天下母. 旣得其母, 以知其子. 旣知其子, 復守其母, 沒身不殆. 塞其兌, 閉其門, 終身不勤, 開其兌, 濟其事, 終身不救. 見小曰明, 守柔曰强, 用其光, 復歸其明, 無遺身殃, 是爲習常.

| 자해 |

* 시(始): 시작하다, 비롯되다. 부(復): 다시. 몰신(沒身): 종신(終身)과 통

---

[98] 천지(天地)에는 시작이 있다. 하늘은 가벼운 것으로 이루어지고, 땅은 무거운 것으로 모습을 드러낸다. 천지가 서로 화합하는 것이 태어남의 큰 법칙이다. 『呂氏春秋』, 「有始覽·有始」.

용, 즉 죽을 때까지, 평생. 색(塞): 막다. 태(兌): 통(通)과 통용, 곧다, 욕망의
길. 제(濟): 도모하다, 구제하다. 구(救): 돕다, 구제하다. 소(小): 미(微)와 통
용, 즉 은미하다. 유(遺): 남기다. 습(習): 익히다. 상(常): 도(道)의 영원함.

| 해영 |

태초에 하나[一]의 기운이 있었습니다. 우주의 기운이 그것입니다. 이
우주의 기운 가운데 맑은 것은 올라가 하늘[天]이 되고, 무거운 것은 아래
로 내려와 땅[地]이 되었습니다. 하늘엔 해와 달이 운행하고 온갖 별들이
빛을 내며, 땅에선 산과 바다, 하천이 생겨났습니다. 즉 하늘과 땅 사이에
만물이 생겨난 것입니다. 이 만물을 낸 것이 바로 모체(母體)입니다. 말하
자면 만물의 모체는 태초의 기운이자 우주의 모습입니다.

사람은 만물 가운데 하나입니다. 미약(微弱)하기 짝이 없는 존재임에도
의식(意識)을 통해 모든 것을 주관하려 하고, 모든 일을 도모하려 합니다.
피곤하기만 할 뿐 죽을 때까지 움직여도 해결할 수도 구제할 수도 없습
니다. 차라리 욕망의 길을 막는 편이 수고를 더는 지름길입니다. 만물의
이치는 이처럼 은미(隱微)합니다. 은미함을 속히 알아차려 따르는 게 자연
의 삶입니다. 이것이 영원함을 얻는 비결이기도 합니다.

제53장 : 도적의 호사

만일 내가 조금이라도 지식이 있어 대도(大道)를 행한다면, 오직 베푸는 것[施]은 두렵다. 대도(大道)는 아주 평탄한데 사람들은 지름길을 좋아하며, 조정은 아주 깨끗하지만 전야(田野)는 잡초가 무성하고, 창고에는 텅 비어 있으며, 화려한 옷[文綵]을 입고, 예리한 칼을 차고, 실컷 먹고 마시고도 재화가 남아도는 것은, 이를 도적의 호사라 한다. 도(道)가 아니로다.

| 원문 |

使我介然有知, 行於大道, 唯施是畏. 大道甚夷,[99] 而民好徑, 朝甚除, 田甚蕪, 倉甚虛,[100] 服文綵, 帶利劍, 厭飮食, 財貨有餘, 是謂盜夸. 非道也哉.

| 자해 |

* 사(使): '~하여금 ~하게 한다면'이란 가정문, 즉 '가령' 혹은 '만일' 등으로 해석. 개연(介然): 잠시, 잠깐, 조금. 시(施): 베풀다, 실천하다. 이(夷): 평(平)과 통용, 평탄하다. 민(民): 인(人)과 통용. 경(徑): 지름길, 샛길. 제(除): 치(治)와 통용, 다스리다, 제거하다. 무(蕪): 거칠다, 잡초가 무성하다.

---

99) 산속 작은 길, 넓지 않더라도 사람들이 자주 이용하다보면 결국 길이 된다. 그러나 한동안 사용하지 않으면 잡초가 길을 가린다. 『孟子』, 「盡心下」.
100) 조정(朝廷)이 너무 깨끗하면 밭에는 잡초만 무성하고, 창고는 텅텅 비게 된다. 즉 궁궐을 하나 지으면 그 폐해가 수없이 많이 생겨난다는 말이다.

문채(文綵): 화려한 옷. 대(帶): 띠, 차다. 염(厭): 싫어하다. 과(夸): 자랑하다, 사치하다.

| 해영 |

대도(大道)는 큰 길입니다. 큰 길은 자연의 길입니다. 자연의 길엔 만물이 함께 합니다. 만물 가운데 사람은 어느 순간 조그만 지식이 발동해 의식(意識)을 동반하기 시작했습니다. 뭐든 따져서 이로움을 향해 달립니다. 자연의 길에서 멀어진 이유입니다. 그 알량한 지식 때문에 대열에서 벗어난 것입니다. 불행한 일이 끊이지 않습니다. 화려한 옷을 입고, 실컷 먹고 마시고도 불만이 가득합니다. 도적의 호사일 뿐입니다.

제54장 : 덕(德)의 기능

잘 세운 것은 뽑히지 않고, 잘 껴안은 것은 벗겨지지 않으니, 자손이 제사를 그치지 않는다. [그것을] 몸에서 닦으면 그 덕(德)이 참되고, 집에서 닦으면 그 덕이 넉넉해지며, 고을에서 닦으면 그 덕이 오래가고, 나라에서 닦으면 그 덕이 풍성해지며, 천하에서 닦으면 그 덕이 온누리로 퍼진다. 그러므로 몸으로 몸을 보고, 집으로 집을 보며, 고을로 고을을 보고, 나라로 나라를 보며, 천하로 천하를 본다. 내가 어떻게 천하가 그런 줄 알겠는가. 이것으로 아는 것이다.

| 원문 |

善建者不拔, 善抱者不脫, 子孫以祭祀不輟. 修之於身, 其德乃眞, 修之於家, 其德乃餘, 修之於鄕, 其德乃長, 修之於國, 其德乃豊, 修之於天下, 其德乃普. 故以身觀身, 以家觀家, 以鄕觀鄕, 以國觀國, 以天下觀天下.[101] 吾何以知天下然哉, 以此.

| 자해 |

* 발(拔): 뽑히다. 포(抱): 껴안다, 포옹하다. 탈(脫): 벗다. 철(輟): 그치다.

---

101) 집으로 집을 다스리고, 고을로 고을을 다스리며, 나라로 나라를 다스리고, 천하로 천하를 다스린다. 『管子』, 「牧民」.

보(普): 널리, 두루, 온누리로 퍼지다. 향(鄕): 마을, 고을.

| 해영 |

무엇이든 기초(基礎)를 튼튼히 해야 한다는 말들을 합니다. 복잡다단한 오늘날의 세상에선 더욱 와닿는 말입니다. 여기서 기초는 덕행(德行)을 뜻합니다. 덕행이 빠진 삶은 존재할 가치가 없기 때문입니다. 덕행은 다름이 아닙니다. 자신에게서 비롯됩니다. 그것을 행하면 참되고, 집에서 행하면 넉넉해지며, 고을에서 행하면 오래가고, 나라에서 행하면 풍성해지며, 천하에서 행하면 온누리로 퍼집니다. '덕행의 기능'입니다.

제55장 : 갓난아이의 삶

덕(德)을 충분히 품고 있는 사람은 어린아이에 비유한다. 벌이나 전갈, 독사들이 물지 않고, 맹수(猛獸)도 덮치지 않으며, 독수리도 채지 않는다. 뼈는 약하고 근육은 부드러우나 쥐는 힘은 단단하고, 남녀의 교합에 대해 몰라도 자지가 서니, 정력의 지극함이다. 종일 울어대도 목이 쉬지 않음은 조화의 지극함이다. 조화를 아는 것은 영원함[常]이라 하고, 영원함을 아는 것은 밝음[明]이라 하며, 삶을 유익하게 하는 것은 상서로움[祥]이라 하고, 마음으로 기(氣)를 부리는 것은 강(强)이라 한다. 사물은 장성하면 노쇠(老衰)한다. 이는 도(道)를 따르지 않음이라, 도를 따르지 않음은 일찍 사라질 뿐이다.

| 원문 |

含德之厚, 比於赤子. 蜂蠆虺蛇不螫, 猛獸不據, 攫鳥不搏. 骨弱筋柔而握固, 未知牝牡之合而朘作, 精之至也. 終日號而不嗄,[102] 和之至也. 知和曰常, 知常曰明, 益生曰祥, 心使氣曰强. 物壯則老. 謂之不道, 不道早已.

---

102) 어린아이는 종일토록 울어도 목이 잠기지 않으니, 화기(和氣)가 지극한 것이다. 『莊子』, 「庚桑楚」.

| 자해 |

* 함(含): 머금다, 품다. 후(厚): 두텁다. 적자(赤子): 갓난아이, 어린아이. 봉(蜂): 벌. 채(蠆): 전갈. 훼(虺): 살모사. 사(蛇): 독사. 석(螫): 쏘다, 물다. 거(據): 의거하다, 덮치다. 확(攫): 붙잡다, 움켜잡다. 박(搏): 잡다, 쥐다, 채다. 근(筋): 힘살, 근육. 악(握): 쥐다. 고(固): 단단하다.

* 빈모(牝牡): 암컷과 수컷, 여기선 남녀를 뜻한다. 합(合): 교합하다. 전(朘): 자지, 남성의 성기. 작(作): 장(長)과 통용, 자라다, 일어나다. 호(號): 부르짖다, 울다. 사(嗄): 목이 쉬다, 목이 잠기다. 상(祥): 상서롭다. 장(壯): 장성하다. 부도(不道): 도를 따르지 않다. 이(已): 사라지다, 그만두다.

| 해영 |

적자(赤子)는 말 그대로 핏덩어리와 같은 아이를 뜻합니다. 갓난아이는 우주의 기운, 즉 자연의 기운으로 살아갑니다. 그래선지 갓난아이는 신기함 덩어리입니다. 뼈가 약하고 근육이 부드러움에도 손으로 잡는 힘은 굉장합니다. 교접(交接)도 모르면서 자지가 커지고 꼿꼿하게 서기도 합니다. 하지만 성장하면서 이런 기능들은 사라집니다. 자연의 도(道)를 따르지 않기 때문입니다. 도의 삶은 갓난아이와 같은 삶입니다.

제56장 : 지자불언(知者不言)

아는 사람은 말하지 않고, 말하는 사람은 알지 못한다. 그 길을 막고, 그 문을 닫으며, 그 예리함을 꺾고, 그 어지러움을 풀며, 그 빛을 부드럽게 하고, 그 티끌[더러움] 같은 세상과 함께 한다. 이것이 현묘하게 같아지는 것[玄同]이다. 그러므로 친(親)할 수도 없고, 멀리[疏]할 수도 없으며, 이롭게 할 수도 없고, 해롭게 할 수도 없으며, 귀(貴)하게 할 수도 없고, 천(賤)하게 할 수도 없다. 그러므로 천하의 귀한 것이 된다.

| 원문 |

知者不言, 言者不知.[103] 塞其兌, 閉其門, 挫其銳, 解其紛, 和其光, 同其塵. 是謂玄同. 故不可得而親, 不可得而疏, 不可得而利, 不可得而害, 不可得而貴, 不可得而賤. 故爲天下貴.

| 자해 |

* 색(塞): 막다. 태(兌): 통(通)과 통용, 곧다, 욕망의 길. 좌(挫): 꺾다. 예(銳): 예리하다, 날카롭다. 분(紛): 어지럽다. 진(塵): 티끌, 먼지, 더럽다. 현

---

103) 세상에서 귀하게 여기는 도(道)는 책에 있지만, 책은 말에 불과하다. 말은 귀하게 여기는 것이 있으니, 말이 귀하게 여기는 것은 뜻[意]이다. 뜻은 따르는 바가 있으니, 뜻이 따르는 것은 말로 전할 수 없다. 『莊子』, 「天道」.

동(玄同): 현묘하게 같아지다. 소(疏): 통하다, 멀다. 이(利): 이로움, 도가(道家)에서 이로움은 반드시 해로움[害]이 뒤따른다고 본다.

| 해영 |

'사람이 안다'는 것은 대체로 두 가지로 논합니다. 하나는 선험지(先驗知)고, 다른 하나는 경험지(經驗知)라 합니다. 여기서 '선험지'는 경험하지 않고도 아는 것, 즉 갓난아이가 젖을 빠는 것, 새가 나는 것, 물고기가 헤엄을 치는 것 등을 말하고, '경험지'는 말 그대로 경험을 통해 아는 것, 즉 글을 쓰는 것, 문제를 푸는 것, 운전을 하는 것 등을 말합니다. 문제는 사람이 성장함에 따라 '선험지가 줄어든다'는 사실입니다.

왜 그럴까요. 성장하면서 경험하는 것이 많아지기 때문입니다. 보다 정확히 말하면, 선험지가 줄어들고 경험지가 점점 늘어나는 것은, 다름 아닌 '이로움을 위해 의식(意識)을 끊임없이 동반하기 때문'입니다. 즉 틈만 나면 이로움을 배가하기 위해 이른바 '거짓 경험지'를 늘린 결과입니다. 이런 앎[知]은 지속할 수도 없고, 바람직하지도 않습니다. 피곤한 삶이 이어집니다. 속히 욕망의 길을 막고, 도의 길을 열어야 합니다.

제57장 : 정치의 도(道)

　바름으로 나라를 다스리고, 기이함[속임수]으로 군사를 쓰며, 일을 만들지 않음으로 천하를 취한다. 내가 어떻게 그런 줄 알겠는가. 이것으로 아는 것이다. 천하에 꺼리고 피할 일이 많으면 민중들은 더욱 가난해지고, 민중들이 이로운 기계를 많이 지니면 국가는 더욱 혼란해지며, 사람들이 기교(伎巧)가 많아지면 기이한 물건들은 더 생겨나고, 법령은 드러낼수록 도적들이 많아진다. 그러므로 성인(聖人)이 이르길, "내가 무위(無爲)하니 민중들이 절로 교화되고, 내가 고요함을 좋아하니 민중들은 절로 바르게 되며, 내가 일을 만들지 않으니 민중들은 절로 부유해지고, 내가 무욕(無欲)하니 민중들은 절로 순박해진다."

| 원문 |

　以正治國, 以奇用兵, 以無事取天下. 吾何以知其然哉. 以此. 天下多忌諱, 而民彌貧, 民多利器, 國家滋昏, 人多伎巧, 奇物滋起, 法令滋彰, 盜賊多有. 故聖人云, 我無爲而民自化, 我好靜而民自正, 我無事而民自富, 我無欲而民自樸.[104]

---

104)　먼저 부르짖지 않고 단지 어울리며, 앞에 나서지 않고 단지 따른다. 『呂氏春秋』, 「審分覽·任數」.

| 자해 |

* 치(治): 다스리다, 다살리다. 기(奇): 기이하다, 속이다. 무사(無事): 일삼지 않다, 일을 만들지 않다. 기(忌): 꺼리다. 휘(諱): 피하다, 가리다. 미(彌): 더욱. 기(器): 기구, 기계. 자(滋): 거듭, 더욱. 혼(昏): 어둡다, 혼미하다, 혼란하다. 기(伎): 재주. 교(巧): 교묘하다.

* 기(起): 일어나다, 생겨나다. 창(彰): 드러내다. 도(盜): 교묘한 말로 상대를 현혹하여 재물을 훔치는 것. 적(賊): 흉기로 위협하여 재물을 훔치는 것. 무위(無爲): 인위가 없다, 작위가 없다. 화(化): 교화하다, 감화하다. 정(靜): 고요하다. 박(樸): 순박하다, 소박하다.

| 해영 |

정치의 도(道)를 확인합니다. 정치를 논함에 있어 크게 두 가지로 나눠볼 수 있습니다. 즉 성선설(性善說)적 정치와 성악설(性惡說)적 정치가 그것입니다. 전자의 경우, 사람들은 본래 선(善)한 것이니, 선하게 움직이도록 악(惡)한 환경을 제거해주면 그만이고, 후자는 기본적으로 사람을 악(惡)하게 보기 때문에 법(法)을 통해 세상을 통제하는 형태입니다. 전자가 덕치(德治)라면, 후자는 오늘날의 법치(法治)를 말합니다.

사실 더 좋은 정치는 '노자가 주장한 정치'입니다. 일각에선 노자의 정치가 아무것도 하지 않는 이른바 방임정치로 오해하는 경우가 있습니다만 이는 명백한 오류입니다. 오히려 적극적인 형태임을 알아차려야 합니다. 지도자가 무위(無爲)하니 민중들이 절로 교화되고, 고요함을 좋아하니 절로 바르게 되며, 일을 만들지 않으니 절로 부유해지고, 무욕(無欲)하니 절로 순박해집니다. 이것이 '노자가 일러주는 지혜'입니다.

제58장 : 화복공존(禍福共存)

그 정사(政事)가 흐리멍덩하면 그 민중은 순박해지고, 그 정사가 깐깐[세밀]하면 그 민중은 야박해진다. 재앙[禍]이여, 복(福)이 그에 의지하고, 복(福)됨이여, 재앙[禍]이 엎드려 있구나. 누가 그 끝[궁극]을 알겠는가. 바르게 함이 없는 것인가. 바른 것은 다시 기이한 것이 되고, 선(善)함은 다시 요사함[妖]이 된다. 사람들이 미혹된 지 오래되었구나. 이 때문에 성인(聖人)은 방정(方正)해도 깎지 않고, 청렴해도 해치지 않으며, 곧아도 방자하지 않고, 빛이 있어도 빛을 내려 하지 않는다.

| 원문 |

其政悶悶, 其民淳淳, 其政察察, 其民缺缺. 禍兮福之所倚, 福兮禍之所伏.[105] 孰知其極. 其無正耶. 正復爲奇, 善復爲妖. 人之迷, 其日固久. 是以聖人方而不割, 廉而不劌, 直而不肆, 光而不燿.

| 자해 |

＊ 민(悶): 미혹되다, 헤매다, 어둡다. 순(淳): 순하다, 순박하다. 찰(察): 세

---

105) 상서(祥瑞)는 복(福)에 앞서 나타나지만 상서를 보고 불선(不善)한 일을 행하면 복이 이르지 않고, 요얼(妖孽)은 재앙에 앞서 나타나지만 요얼을 보고 선(善)을 행하면 재앙이 이르지 않는다. 『呂氏春秋』, 「季夏紀·制樂」.

밀하게 살피다, 가혹하게 따지다. 결(缺): 이지러지다, 야박하다. 의(倚): 의
지하다. 복(伏): 엎드리다. 극(極): 끝, 다하다. 정(正): 정(定)과 통용. 무정야
(無正耶): 바르게 함이 없는가. 정부위기(正復爲奇): 바른 것은 다시 기이하
게 되다. 기(奇): 기이하다, 삐뚤어지다.

* 선부위요(善復爲妖): 선함은 다시 요사함이 되다. 요(妖): 아름답다, 괴
이하다, 요사하다. 미(迷): 헷갈리다, 혼미하다, 미혹되다. 고구(固久): 오래
되다. 할(割): 깎다, 나누다. 염(廉): 청렴하다, 모퉁이. 귀(劌): 쪼개다, 다치
다, 해치다. 직(直): 곧다, 정직하다. 사(肆): 건방지다, 방자하다. 요(燿): 빛
나다, 비치다, 번쩍거리다, 자랑하다.

| 해영 |

　본질적으로 정치는 '공동체의 항구적인 발전과 보전'을 위해 존재합니
다. 이런 차원에서 유가(儒家)와 도가(道家)의 정세를 보면 확연히 다릅니
다. 유가의 정치는 깐깐한, 즉 세밀하게 하나하나 챙기는 정치라면, 도가
의 정치는 자연의 순리에 따르는 정치를 주장합니다. 구성원들의 움직임
을 살필수록 오히려 구성원들의 삶은 자연과 멀어져 경직되기 때문입니
다. 모가 나도 깎지 않고, 빛나도 자랑하지 않는 것입니다.

제59장 : 사랑의 힘

사람을 다스리고 하늘을 섬기는 데 아끼는 것만 함이 없다. 오직 아낄 뿐이다. 이 때문에 일찍 [도(道)에] 복종[순종]한다. 일찍 도에 복종하는 것은 덕(德)을 거듭 축적하는 것이다. 덕을 거듭 축적하면 이기지 못할 것이 없고, 이기지 못할 것이 없으면 그 끝을 알 수 없다.[106) 그 끝을 알 수 없어야 나라를 소유할 수 있고, 나라의 모체를 소유해야 오래갈 수 있다. 이것이 근본을 깊고 튼튼하게 하며 영원히 살고 멀리 보는 방법이다.

| 원문 |

治人事天莫若嗇.[107) 夫唯嗇. 是以早服. 早服, 謂之重積德. 重積德, 則無不克, 無不克, 則莫知其極. 莫知其極, 可以有國, 有國之母, 可以長久. 是謂深根固柢, 長生久視之道.

| 자해 |

* 치(治): 다스리다, 다살리다. 사(事): 섬기다. 색(嗇): 농사짓다, 아끼다.

---

106) 여기서 "이기지 못할 것이 없으면, 그 끝을 알 수 없다."는 말은 '이기지 못할 것이 없는 사람의 마음'으로, 곧 '하늘의 마음을 지닌 사람'을 뜻한다. 따라서 그 깊이를 알 수 없다는 의미다.

107) 생각이 일찍 정해졌기 때문에 머리 쓰는 것을 일찍 아낄 수 있었고, 머리 쓰는 것을 일찍 아낄 수 있었기 때문에 정기가 고갈되지 않는 것이다. 『呂氏春秋』, 「仲春紀·情欲」.

복(服): 복종하다, 순종하다. 중(重): 거듭, 포개다. 적(積): 축적하다, 쌓다. 모(母): 어미, 모체. 저(柢): 하나의 뿌리, 즉 대나무 뿌리처럼 하나로 연결되어 있는 모습. 고저(固柢): 뿌리가 튼튼하다. 도(道): 방법.

| 해영 |

사람을 다스리고 하늘을 섬기는 데 '아끼는 것' 만함이 없다는 말은 진리와 가깝습니다. 여기서 아낀다는 말은 사랑한다는 말입니다. 사랑하면 아끼게 됩니다. 가령 부모가 자식을 아끼는 것은 사랑한다는 증거입니다. 그리고 사랑하는 사람에겐 욕심이 발동되지 않습니다. 때문에 덕이 쌓이고 또 쌓입니다. 이것이 거듭되면 이기지 못할 것이 없는 경지까지 이릅니다. 이런 사람의 마음은 하늘의 마음과 다르지 않습니다.

하늘의 마음을 소유한 사람은 곧 자연의 마음을 지닌 사람입니다. 대적할 만한 사람이 없습니다. 윗사람을 만나도 아랫사람을 만나도 선생을 만나도 제자를 만나도 항상 유연합니다. 순종하고 복종하는 마음입니다. 하지만 그것의 힘은 이기지 못하는 것이 없습니다. 그런 사람의 마음은 너무도 깊어 도저히 헤아릴 수 없습니다. 그래서 그런 사람이 마침내 나라를 소유할 수 있고, 그런 모체야말로 영원할 수 있습니다.

제60장 : 약팽소선(若烹小鮮)

큰 나라를 다스리는 것은 작은 생선을 요리하듯 한다. 도(道)로 천하에 임하면 그 귀(鬼)가 신령스럽지 않으니, 그 귀(鬼)가 신령스럽지 않을 뿐만 아니라 그 신령이 사람을 해치지 않는다. 그 신령이 사람을 해치지 않을 뿐만 아니라 성인(聖人)도 사람을 해치지 않는다.[108] 이 둘이 서로 해치지 않기 때문에 덕(德)이 함께 돌아간다.

| 원문 |

治大國, 若烹小鮮. 以道莅天下, 其鬼不神, 非其鬼不神, 其神不傷人. 非其神不傷人, 聖人亦不傷人.[109] 夫兩不相傷, 故德交歸焉.

| 자해 |

* 치(治): 다스리다, 다살리다. 팽(烹): 삶다, 지지다, 요리하다. 소선(小鮮): 작은 생선. 도(道): 진리. 리(莅): 다다르다, 임하다. 귀(鬼): 음귀(陰鬼). 신(神): 신령(神靈), 영험하다. 상(傷): 상하다, 해치다. 교(交): 사귀다, 주고받다, 함께.

---

108) 여기서 귀신(鬼神), 즉 음귀와 신령은 영험함으로 음지에서 사물을 기르고, 성인(聖人)은 도(道)로 양지에서 사물을 기른다는 말이다.
109) 그 땅에는 일찍 죽고 상처(傷處)입는 것이 없으며, 사람들은 요절하지 않고 물건들은 병나지 않으며, 귀신은 영험을 부리지 않는다. 『列子』,「黃帝」.

| 해영 |

 나라를 다스리는 요체 가운데 하나는 '소란하지 않는 것'입니다. 작은 생선을 요리하는 것처럼 하는 것입니다. 작은 생선을 요리할 때 소란하게 하면 살점이 다 부서지기 때문에 먹을 것이 없어집니다. 나라를 다스리는 것도 마찬가집니다. 지도자는 도(道)로 다스려야 합니다. 즉 소란하게 하지 않으면, '음귀'와 '신령'은 물론 성인(聖人)도 음양의 조화를 해치지 않습니다. 민중들이 서로 덕(德)을 나눌 수 있는 비결입니다.

제61장 : 지도자의 도량

큰 나라는 하류(下流)와 같아 천하가 만나는 곳이자 천하의 암컷노릇을 한다. 암컷은 항상 고요함으로 수컷을 이기고, 고요함으로 아래가 된다. 그러므로 큰 나라가 이를 본받아 작은 나라에 낮추면 작은 나라를 취하고, 작은 나라가 이를 본받아 큰 나라에 낮추면 큰 나라에 받아들여진다. 그러므로 혹 낮춤으로써 취하고, 혹 낮춤으로써 받아들여진다. 큰 나라는 아울러 사람들을 기르는데 불과하고, 작은 나라는 들어가 사람을 섬기는데 불과하다. 양자가 각각 원하는 것을 얻고자 하면, 마땅히 큰 것이 낮추어야 한다.

| 원문 |

大國者下流, 天下之交, 天下之牝. 牝常以靜勝牡, 以靜爲下. 故大國以下小國, 則取小國, 小國以下大國, 則取大國. 故或下以取, 或下而取. 大國不過欲兼畜人, 小國不過欲入事人. 夫兩者各得其所欲, 大者宜爲下.[110]

---

110) 큰 나라로 작은 나라를 섬기는 사람은 천명(天命)을 즐거워하는 사람이고, 작은 나라로 큰 나라를 섬기는 사람은 천명(天命)을 두려워하는 사람이다. 천명을 즐거워하는 사람은 천하를 보존할 수 있고, 천명을 두려워하는 사람은 그 나라를 보존할 수 있다. 『孟子』, 「梁惠王下」.

* 빈(牝): 암컷. 모(牡): 수컷. 취소국(取小國): 작은 나라를 취하다. 취대국(取大國): 큰 나라에 받아들여지다. 휵(畜): 기르다. 사(事): 섬기다. 의(宜): 마땅하다.

| 해영 |

지도자라면 적어도 이런 가치를 지녀야 합니다. 더구나 큰 나라의 지도자가 되기 위해선 이런 자세[도량]가 더욱 필요합니다. 오직 힘, 즉 무력(武力)만으로 세상을 다스리고자 하는 것은 오랑캐의 그것과 다르지 않습니다. 저항만 커질 뿐, 지속가능할 수 없습니다. 지도자를 논함에 있어 '강(江)이 되어야 한다', '바다[海]가 되어야 한다'는 말은 절로 생긴 말이 아닙니다. 공동체가 더불어 호흡할 수 있는 토대(土臺)입니다.

제62장 : 만물의 주인

　도(道)는 만물의 주인이니, 선(善)한 사람의 보배요, 선하지 않은 사람은 보존해야 하는 것이다. 아름다운 말은 사람들에게 가치가 있고, 존귀한 행위는 사람들에게 권할 수 있다. [하지만] 사람이 선(善)하지 않다고 어찌 그 사람을 버리겠는가. 그러므로 천자(天子)를 세우고 삼공(三公)을 두어, 비록 큰 옥[璧]을 소유하고 네 마리 말이 이끄는 수레[駟馬]를 앞세워도, 앉아서 이 도(道)에 나아가느니만 못하다. 옛날에 이 도(道)를 귀하게 여긴 까닭은 무엇일까. 구하여 [도를] 얻으면 죄가 있어도 면(免)할 수 있다고 말하지 않았던가. 그러므로 천하의 귀함이 된다.

| 원문 |

　道者,[111] 萬物之奧, 善人之寶, 不善人之所保. 美言可以市, 尊行可以加人. 人之不善, 何棄之有. 故立天子, 置三公, 雖有拱璧以先駟馬, 不如坐進此道. 古之所以貴此道者何. 不曰以求得, 有罪以免邪. 故爲天下貴.

| 자해 |

　* 오(奧): 주(主)와 통용, 중요하다, 아랫목. 보(寶): 보배. 보(保): 보호하

---

111) 도(道)는 한사람이 사용해도 남음이 있다는 것을 듣지 못했고, 천하가 그것을 사용해도 부족함이 있다는 것을 듣지 못했다. 이것을 도(道)라 한다. 『管子』, 「白心」.

다, 보존하다. 시(市): 시장, 물건이 팔리는 곳. 존행(尊行): 존귀한 행위. 가(加): 권하다. 기(棄): 버리다. 공(拱): 껴안다, 손을 맞잡다. 벽(璧): 둥근 옥, 아름다운 옥. 사(駟): 네 마리 말이 한 수레를 끌다. 왈(曰): 말하다. 면(免): 면하다.

| 해영 |

집집마다 안방이 존재합니다. 안방은 편안한 곳입니다. 밖에서 생긴 긴장도 안방에만 들어서면 모두가 해소됩니다. 그곳엔 일체의 구별이 없습니다. 즉 의식의 세계에서 벗어난 세계입니다. 선한 사람과 불선한 사람을 가리지 않고, 좋은 방과 나쁜 방도 구분하지 않습니다. 도(道)가 절로 구현되는 곳입니다. 멍해지기 좋은 곳이고, 아무 생각 없이 잠을 잘 수 있는 공간입니다. 만물의 주인이 머무는 곳이기 때문입니다.

제63장 : 역설(逆說)

무위(無爲)를 행하고, 무사(無事)를 일삼으며, 무미(無味)를 맛본다. 작은 것을 크다 하고, 적은 것을 많다 하며,[112] 원한을 덕(德)으로 갚고, 쉬운 것에서 어려운 것을 도모하며, 미세한 것에서 큰 것을 행한다. 천하의 어려운 일은 반드시 쉬운 것에서 시작하고, 천하의 큰일은 반드시 미세한 것에서 시작한다. 이 때문에 성인(聖人)은 끝내 큰일을 하지 않기 때문에 큰 것을 이룰 수 있다. 가벼운 승낙은 반드시 신뢰가 떨어지고, 쉽게 생각함이 많으면 반드시 어려움이 많아진다. 이 때문에 성인은 어려운 것처럼 여기기 때문에 마침내 어려움이 없는 것이다.

| 원문 |

爲無爲, 事無事, 味無味, 大小多少, 報怨以德,[113] 圖難於其易, 爲大於其細, 天下難事, 必作於易, 天下大事, 必作於細, 是以聖人終不爲大, 故能成其大, 夫輕諾必寡信, 多易必多難, 是以聖人猶難之, 故終無難矣.

---

112) 일반적으로 속세에선 경쟁 속에서 산다. 때문에 큰 것만을 취하려 하고, 작거나 적은 것을 무시하는 경향이 강하다. 하지만 도(道)의 세계에선 구별하지 않는다. 작아도 크게 여기고, 적어도 많게 여기는 것이다. 성인(聖人)으로 불리는 이유다.
113) 무엇으로 덕(德)을 갚을 것인가. 바름[直]으로 원한을 갚고, 덕(德)으로 덕을 갚을 것이다. 『論語』, 「憲問」.

* 무위(無爲): 인위[작위]적인 행위가 없다. 무사(無事): 일이 없다. 무미(無味): 맛이 없다. 원(怨): 원한. 도(圖): 도모하다. 이(易): 쉽다. 세(細): 미세하다, 작다. 경락(輕諾): 가볍게 승낙하다, 가볍게 수락하다. 과신(寡信): 믿음이 적어지다, 신뢰가 떨어지다. 유(猶): 오히려, ~와 같다. 종(終): 끝내, 마침내.

| 해영 |

도(道)가 있는 사람은 대적할 만한 사람이 없습니다. 선한 사람, 불선한 사람, 은혜로운 사람은 물론 원수까지도 사랑하는 마음을 지니고 있기 때문입니다. 『논어』에 이런 대화가 있습니다. 어떤 사람이 공자에게 물었습니다. "덕(德)으로 원수를 갚으면 어떻습니까?" 공자는, "은혜로운 사람에게는 덕(德)으로 갚고, 원수에겐 곧은 마음[直]으로 갚는다."고 했습니다. 이는 원한을 덕(德)으로 갚는다는 주장과 배치됩니다.

공자 대화의 특징은 늘 상대의 눈높이에 맞춘다는 점입니다. 때문에 객관적인 진리에 부합될 순 없습니다. 그저 묻는 사람의 수준에 맞춰 답(答)을 일러주는 것입니다. 마찬가지로 천명(天命)을 아는 사람에게는 그에 부합되는 답을 합니다. 말하자면 천명을 지닌 사람이 위와 같은 질문을 했다면, 공자 또한 '원한을 덕(德)으로 갚는다'는 노자의 주장과 다르지 않은 답을 했을 것입니다. 도(道)는 두루 통하기 때문입니다.

제64장 : 자연의 이치

편안할 때 잡기 쉽고, 조짐이 드러나기 전엔 도모하기 쉽다. 연한 것은 녹기 쉽고, 미약한 것은 흩어지기 쉽다. 아직 드러나지 않았을 때 작위하고, 어지러워지기 전에 다스린다. 아름드리나무도 털끝만한 데서 생겨나고, 9층이나 되는 누대(樓臺)도 한줌 흙에서 일어나며, 천리 길도 발밑에서 시작된다. 작위[인위]하는 사람은 실패하고, 집착하는 사람은 잃어버린다. 이 때문에 성인(聖人)은 작위하지 않기 때문에 실패하지 않고, 집착하지 않기 때문에 잃어버리지 않는다. [그런데] 민중들이 종사(從事)하는 것을 보면, 항상 거의 이루다 실패한다. 끝을 시작할 때처럼 신중하면 실패하는 일이 없다. 이 때문에 성인(聖人)은 불욕(不欲: 하고자 하지 않음)을 하고자 하고, 얻기 어려운 재화를 귀하게 여기지 않으며, 불학(不學: 배우지 않음)을 배우고, 뭇사람들의 허물을 돌이키며, 만물이 스스로 그러하도록 도와주되 감히 작위하지 않는다.

| 원문 |

其安易持, 其未兆易謀. 其脆易泮, 其微易散. 爲之於未有, 治之於未亂. 合抱之木, 生於毫末, 九層之臺, 起於累土,[114] 千里之行, 始於足下. 爲者敗之,

---

114) 누토(累土)는 두 가지 해석이 있다. 하상공(河上公)의 저토(低土), 즉 '땅바닥'이란 해석이고, 임희일(林希逸)의 일롱토(一籠土), 즉 '한 삼태기의 흙'이란 해석이다.

執者失之. 是以聖人無爲故無敗, 無執故無失. 民之從事, 常於幾成而敗之. 愼終如始,[115] 則無敗事. 是以聖人欲不欲, 不貴難得之貨, 學不學, 復衆人之所過, 以輔萬物之自然, 而不敢爲.

| 자해 |

* 이(易): 쉽다. 조(兆): 조짐, 기미. 도(謀): 도모하다. 취(脆): 무르다, 연하다. 반(泮): 판(判)과 통용, 쪼개다, 녹다, 부수다. 난(亂): 어지럽다. 합포지목(合抱之木): 아름드리나무. 호말(毫末): 털끝. 대(臺): 누대. 누(累): 묶다, 포개다.

* 집(執): 집착하다, 고집부리다. 기(幾): 거의. 신(愼): 신중하다, 삼가다. 종(終): 끝. 불욕(不欲): 하고자 하지 않음. 복(復): 돌이키다, 회복시키다. 과(過): 허물, 과실. 보(輔): 돕다, 도와주다. 자연(自然): 스스로 그러하다.

| 해영 |

자연(自然)은 말 그대로 '스스로 그러한 것'입니다. 그런데 그 속엔 일정한 법칙이 있습니다. 즉 그것이 작용 전에 반드시 기미, 즉 조짐이 발동합니다. 따라서 조짐을 알아차리면 큰 것을 안정적으로 운용할 수 있습니다. 이를 간과하면 지속할 수 없습니다. 가령 숭례문 화재와 삼풍백화점, 성수대교 붕괴 등 인재(人災)로 불리는 재난들도 조짐이 있었습니다. 조짐은 사전입니다. 항상 깨어있다면 끝은 볼 것도 없습니다.

---

115) 처음을 조심하고 마지막을 생각하면 항상 곤궁하지 않다. 마지막을 생각하지 않으면 마침내 곤궁할 것이다. 『書經』, 「周書·蔡仲之命」.

또 자연에선 어떤 사태가 벌어지기 전에 각종 동물들[개, 고양이, 쥐, 뱀, 개구리 등등]이 기미, 즉 조짐을 알아챕니다. 말하자면 지진이나 산사태, 화산폭발 등이 일어나기 전에 움직이는 것입니다. 이들은 경험지(經驗知)가 아닌 선험지(先驗知)로 알아챕니다. 자연과 호흡을 하기 때문에 정확히 그것에 반응하는 것입니다. 사람들도 마찬가집니다. 역(逆)한 삶을 돌이켜 순응(順應)해야 합니다. 그것이 자연의 이치입니다.

제65장 : 순응의 경지

옛날에 도(道)를 잘 행했던 사람은 민중을 밝게 하지 않고, [오히려] 어리석게 했다. 민중들을 다스리기 어려운 것은 지모(智謀)가 많기 때문이다. 그러므로 지모(智謀)로 나라를 다스리는 것은 나라를 해치는 것이요, 지모(智謀)로 나라를 다스리지 않는 것은 나라를 복되게 하는 것이다. 이두 가지를 아는 것이 또한 모범이 된다. 항상 모범을 아는 것을 현묘한 덕[玄德]이라 한다. 현묘한 덕은 깊고 멀어서 만물과 함께 되돌아간다. 그런 연후에 크게 순응하는 경지에 이를 것이다.

| 원문 |

古之善爲道者, 非以明民,[116] 將以愚之.[117] 民之難治, 以其智多. 故以智治國, 國之賊, 不以智治國, 國之福. 知此兩者亦稽式. 常知稽式, 是謂玄德. 玄德深矣遠矣, 與物反矣. 然後乃至大順.

| 자해 |

* 위도(爲道): 도를 행하다, 도를 수행하다. 명(明): 교묘하게 속여 순박함을 가리는 것. 장(將): 장차, 여기선 '오히려'로 쓰는 것이 문맥에 어울린

---

116) 민중들은 따르게 할 수는 있어도 그 이유를 알게 할 수는 없다. 『論語』, 「泰伯」.
117) 여기서 '우(愚)'는 지모(智謀)없이 타고난 모습 그대로, '스스로 그러함'을 따르는 것이다.

다. 적(賊): 도적, 해치다. 계(稽): 본보기, 모범, 상고하다. 계식(稽式): 모범, 본보기. 심의원의(深矣遠矣): 심원하다, 깊고 멀다. 반(反): 되돌아가다. 대순(大順): 크게 순응하다.

| 해영 |

지도자의 존재 이유는 무엇일까요. 다스리는 것입니다. 여기서 '다스리는 것'은 '다 살린다'에서 왔습니다. 구성원을 살리는 데는 두 부류가 존재합니다. 한 부류는 순박한 사람들이고, 다른 부류는 지모(智謀)가 출중한 부류입니다. 역시 순박한 사람들은 큰 문제가 되지 않습니다. 도(道)의 삶과 부합하기 때문입니다. 문제는 지모(智謀)로 똘똘 뭉친 사람들입니다. 이들은 욕심이 가득한 사람들입니다. 쉽지 않은 부류입니다.

역시 해법은 지모(智謀)를 줄이는 것입니다. 끝없는 욕심은 결국 극(極)에 달할 수밖에 없습니다. 사물이 극하면 반전합니다. 자연의 이치입니다. 폭발로 공멸하기 전에 지모를 줄여 공존하는 편이 현명한 삶입니다. 이열치열이라고, 지모(智謀)로 이들을 지도하면 또 다른 해침, 즉 부작용이 생겨납니다. 이보다는 무위자연(無爲自然)의 삶으로 시급히 전환하는 것입니다. 순박함이 지모를 이기는 것이 지속가능한 삶입니다.

제66장 : 강해(江海)

강(江)과 바다[海]가 온갖 골짜기[계곡]의 왕이 될 수 있는 까닭은, 잘 낮추기 때문에 온갖 골짜기의 왕이 된 것이다. 이 때문에 민중들 위에 있고자 하면 반드시 말[주장]을 낮춰야 하고, 민중들보다 앞서고자 하면 반드시 자신을 뒤로 한다. 이 때문에 성인(聖人)은 위에 처해도 민중들이 중압감을 느끼지 않고, 앞에 처해도 민중들이 해롭게 여기지 않는다. 이 때문에 천하의 사람들은 즐겁게 추대하고 싫증내지 않는다. [성인 자신이] 다투지 않기 때문에 천하에서 그와 다툴 만한 사람이 없는 것이다.

| 원문 |

江海所以能爲百谷王者, 以其善下之, 故能爲百谷王.[118] 是以欲上民, 必以言下之, 欲先民必以身後之. 是以聖人處上而民不重, 處前而民不害. 是以天下樂推而不厭, 以其不爭, 故天下莫能與之爭.

| 자해 |

* 백(百): 온, 온갖. 중(重): 무겁다, 중압감을 느끼다. 악추(樂推): 즐겁게

---

118) 성인(聖人)은 민중 위에 올라탈 수 없다는 것을 안다. 그 때문에 천하에서 왕 노릇을 하려는 자는 반드시 민중을 우선하니, 그 다음에 그들을 보호하면 길게 이로울 것이다. 『國語』, 「周語中」.

추대하다, 기꺼이 추대하다. 염(厭): 싫어하다, 싫증내다. 막(莫): '~와 다
툴 사람이 없다'라는 뜻으로 쓰인다. 따라서 '그와 다툴 만한 사람이 없다'
로 해석.

| 해영 |

온갖 천(川)들이 강이나 바다로 향하는 건 왜일까요. 낮은 곳이기 때문
입니다. 오르긴 어려워도 내려가긴 쉬운 법입니다. 이처럼 천들이 강과
바다로 향하듯 지도자도 강이나 바다가 되어야 합니다. 민중들은 온갖
천과 같습니다. 아래 처하는 강이나 바다와 같은 지도자의 품으로 모여
드는 것은 지극히 자연스런 현상입니다. 강과 바다가 물의 종류를 가리
지 않듯 지도자의 포용하는 자세는 '존재의 이유이자 근거'입니다.

제67장 : 세 가지 보배

천하의 사람들은 모두 내 도(道)가 광대하면서도 어리석은 것 같다고 한다. 오직 광대하기 때문에 어리석은 것이다. 만약 똑똑하다면 자잘[細微]하게 된 지 오래되었을 것이다. 내게는 세 가지 보배가 있으니 그것을 지키고 보호한다. 첫째, 자애로움, 둘째, 검소함, 셋째, 감히 천하에서 앞서려 하지 않는 것이다. 자애롭기 때문에 용감할 수 있고, 검소하기 때문에 광대할 수 있으며, 감히 천하에서 앞서려 하지 않기 때문에 만물의 우두머리가 될 수 있다. 지금 자애로움을 버리고 용감함을 취하며, 검소함을 버리고 광대하게 취하며, 천하에서 앞서려 하지 않는 것을 버리고 앞서려고만 하면, 죽을 것이다. 자애로움으로 전쟁하면 승리할 것이고, 그것으로 수비를 하면 견고할 것이다. 하늘이 장차 구원할 것이니, 자애로움으로 호위하기 때문이다.

| 원문 |

天下皆謂我道大, 似不肖.[119] 夫唯大, 故似不肖. 若肖久矣, 其細也夫. 我有三寶, 持而保之. 一曰慈, 二曰儉, 三曰不敢爲天下先. 慈故能勇, 儉故能廣, 不敢爲天下先, 故能成器長. 今舍慈且勇, 舍儉且廣, 舍後且先, 死矣. 夫慈以戰

---

119) 나라에 도(道)가 있으면 지혜롭게 행동하고, 나라에 도(道)가 없으면 어리석게 행동하니, 그 지혜는 미칠 수 있지만, 그 어리석음은 미칠 수 없다. 『論語』, 「公冶長」.

則勝, 以守則固. 天將救之, 以慈衛之.

| 자해 |

* 대(大): 광대하다. 초(肖): 똑똑하다. 불초(不肖): 어리석다, 멍청하다. 세 (細): 자잘하다, 세미하다. 보(寶): 보배, 보물. 광(廣): 광대하다, 넉넉하다. 기(器): 물(物)과 통용, 즉 만물. 기장(器長): 만물의 우두머리. 사(舍): 버리 다. 전(戰): 전쟁하다, 다투다. 수(守): 수비하다. 구(救): 구원하다. 위(衛): 호 위하다.

| 해영 |

사람은 모두가 우주이고 하늘이며 만물의 주인입니다. 즉 우주적 삶 과 하늘적 삶, 자연적 삶을 살았습니다. 이를 이른바 혼돈적(渾沌的) 삶이 라 합니다. 하지만 의식(意識)이 동반되면서 어느새 사람들은 따지는 삶으 로 변모됐습니다. 자애로움이나 검소함 따위는 눈에 들어오지 않습니다. 오로지 자신을 내세우려고만 합니다. 피곤한 삶이 지속될 수밖에 없습니 다. 삶의 전쟁에서 승리해도 상처가 아물 시간이 없습니다.

또 다른 전쟁이 기다리고 있기 때문입니다. 그렇습니다. 나를 드러내는 순간 피곤해지기 시작합니다. 도(道)의 삶으로 회복시켜야 합니다. 즉 우 주적인 마음, 하늘적인 마음, 만물의 주인 정신으로 돌아가는 것입니다. 그것은 다름 아닌 자애로운 마음과 검소한 마음, 앞서려고 하지 않는 마 음을 찾는 것입니다. 전쟁을 하면 승리하고, 광대하게 베풀 수 있으며, 하 기 싫어도 우두머리가 됩니다. '자연의 힘은 이런 것'입니다.

제68장 : 하늘의 짝

훌륭한 무사는 전혀 용맹스럽지 않고, 전쟁을 잘하는 사람은 분노하지 않으며, 적(敵)과 싸워 잘 이기는 사람은 비교하지 않고, 사람을 잘 부리는 사람은 [상대에게] 낮춘다. 이것이 다투지 않는 덕(德)이요, 사람을 부리는 힘[力]이다. 이것이 하늘과 짝[配]하는 것이니, 예로부터 지극한 준칙이다.

| 원문 |

善爲士者不武, 善戰者不怒,[120] 善勝敵者不與, 善用人者爲之下. 是謂不爭之德, 是謂用人之力. 是謂配天, 古之極.

| 자해 |

* 무(武): 강용(强勇)과 통용, 즉 매우 용맹하다. 노(怒): 분노하다. 여(與): 교(較)와 통용, 즉 견주다, 비교하다. 용(用): 쓰다, 부리다. 배(配): 짝. 극(極): 지극하다, 자연의 준칙.

| 해영 |

---

[120] 군주는 노기(怒氣)로 군사를 일으켜선 안 되고, 장수는 분노(憤怒)로 싸움을 벌여선 안 된다. 『孫子兵法』, 「火攻」.

자본주의(資本主義)를 자처하는 오늘날 세상에선 경쟁(競爭)을 피해갈 수 없습니다. 작게는 가정에서 크게는 나라 간 경쟁을 합니다. 틈만 나면 싸워 더 많이 챙기려 합니다. 도박(賭博)과 다르지 않습니다. 도박은 길(吉)한 행위가 아닌 흉(凶)한 행위입니다. 본질적으로 제로섬 게임이기 때문입니다. 승자도 패자도 모두가 불편한 게임입니다. 어설픈 웃음과 괴로운 눈물을 보일 필요 없는 '자연의 삶으로 회귀해야' 합니다.

자연의 삶은 어머니의 삶과 같습니다. 어머니는 전혀 용맹스럽지 않아도 패하지 않습니다. 분노하지 않아도 늘 이기는 자리에 있습니다. 수없이 많은 사람을 부려도 자신을 부각시키는 법이 없습니다. 그래서 사람들은 어머니의 품으로 향합니다. 어머니는 결코 경쟁 상대가 아니기 때문입니다. 어머니의 마음은 자연의 마음입니다. 적(敵)이 될 만한 상대가 없습니다. 자연은 이런 것입니다. 예로부터 '하늘의 짝'입니다.

제69장 : 용병술

용병술에 이와 같은 말이 있다. "내가 감히 주인이 되지 않고 손[客]이 되며, 감히 한 치도 나아가지 않고 [오히려] 한 자 뒤로 물러난다."[121] 이것은 길을 가도 흔적이 없고,[122] 비틀었는데 팔이 없으며, 끌어당겨도 상대[敵]가 없고, 잡으려 해도 적[兵]이 없다는 말이다. 재앙은 적(敵)을 가볍게 여기는 것보다 큰 것이 없으니, 적(敵)을 가볍게 여기면 거의 내 보배를 잃을 것이다.[123] 그러므로 군사가 무기를 들고 서로 맞설 땐 슬퍼하는 사람이 이긴다.

| 원문 |

用兵有言.[124] 吾不敢爲主而爲客, 不敢進寸而退尺. 是謂行無行, 攘無臂, 扔無敵, 執無兵. 禍莫大於輕敵, 輕敵幾喪吾寶. 故抗兵相加, 哀者勝矣.

---

121) 여기서 "한 치도 나아가지 않고 [오히려] 한 자 뒤로 물러난다."는 말은, 나아갈 땐 더디게, 물러날 땐 신속하다는 뜻이다. 즉 난진이퇴(難進易退)와 흡사한 말이다.

122) '흔적이 없다'는 말은, '발을 땅에 붙이고 살금살금 걷는 것'을 말한다.

123) 다투지 않고 이기는 것이 보배다. 그럼에도 적(敵)을 가볍게 보고 승리를 구하면 보배를 잃을 수밖에 없다.

124) 뛰어난 사람이 군사를 운용할 때는 적(敵)에게 마치 빈 곳에 발을 딛고, 그림자를 잡은 것처럼 느끼도록 한다. 『管子』, 「兵法」.

* 용병(用兵): 군사를 부리는 기술. 객(客): 손. 행(行): 가다, 흔적. 무행(無行): 흔적이 없다. 양(攘): 비틀다, 물리치다. 비(臂): 팔. 잉(扔): 끌어당기다. 경(輕): 가볍다. 막(莫): '더~한 것이 없다'는 뜻. 어(於): 비교조사, ~보다. 보(寶): 삼보(三寶)를 뜻한다. 즉 앞장에서 논한 '자애로움과 검소함, 감히 앞서려 하지 않는 것'이다. 항(抗): 일으키다, 맞서다.

| 해영 |

앞에서와 마찬가지로 용병술(用兵術)에 대한 논의입니다. 아마도 병가(兵家)의 사상이 삽입된 듯합니다. 여기서 새길만 한 것은 삼보(三寶)의 마음, 즉 자애로움과 검소함, 감히 천하에서 앞서려 하지 않는 것입니다. '삼보의 마음'을 유지하면, 욕심(欲心)이란 녀석이 들어설 공간이 없습니다. 게다가 겸손이 체득되어 언제 어디서나 부드럽습니다. 다툼 자체가 성립되지 않습니다. 적(敵) 될 만한 일을 하지 않는 것입니다.

제70장 : 중용적 삶

내 말은 무척 알기 쉽고 행하기도 쉬운데, 천하의 사람들은 알지 못하고 행하지도 못한다. 말에는 근본[宗]이 있고, 일에는 으뜸[主]이 있다. 오직 무지하기 때문에 나를 모르는 것이다. 나를 알아보는 사람이 드물면, 나란 존재는 귀한 사람이 된다. 이 때문에 성인(聖人)은 거친 베옷을 입고 있지만, 옥(玉)과 같은 진리를 품고 있다.

| 원문 |

吾言甚易知, 甚易行, 天下莫能知, 莫能行. 言有宗, 事有君. 夫唯無知, 是以不我知. 知我者希, 則我者貴. 是以聖人被褐懷玉.[125]

| 자해 |

* 심(甚): 매우, 무척. 이(易): 쉽다. 종(宗): 만물의 으뜸, 근본. 군(君): 만사의 주인. 희(希): 드물다. 피(被): 입다. 갈(褐): 거친 베옷, 털옷. 회(懷): 품다.

| 해영 |

삶의 형식, 세 가지로 나눌 수 있습니다. 정신적 삶과 물질적 삶, 중용

---

125) 하늘을 원망하지도 않고 남을 탓하지도 않는다. 아래로부터 배워 위로 통달하였으니, 나를 아는 것은 하늘일 것이다. 『論語』, 「憲問」.

적 삶이 그것입니다. 여기서 문제인 것은 역시 물질적 삶입니다. 눈만 뜨면 먹는 것, 입는 것, 집을 비롯한 사치품 등을 위해 허비하는 것입니다. 바보[126]의 삶입니다. 세계관이 좁아 정신적 삶도 존재한다는 것을 인식하지 못한 결과입니다. 몸에 귀한 옥을 품으면 기쁘듯, 정신적으로도 옥과 같은 귀함을 배가시켜야 합니다. 그것이 중용적 삶입니다.

---

126) '바보'는 '밥보'에서 왔다. 여기서 '보'는 사람에 붙는 접미사이고, '바'는 '밥'에서 'ㅂ'이 탈락하여 된 것이다. 즉 '바보'는 눈만 뜨면 물질을 생각하는 사람을 가리킨다. 참고로 눈만 뜨면 마음을 생각하는 사람은 '심보'라 한다.

제71장 : 안다는 것

알면서 모르는 척하는 것이 최상이요, 모르면서 아는 척하는 것이 병
(病)이다. 오직 병을 병으로 여기면 이 때문에 병이 되지 않는다. 성인(聖
人)에게 병이 없는 것은, 병을 병으로 여기기 때문에 병이 없는 것이다.

| 원문 |

知, 不知, 上,[127] 不知, 知, 病. 夫唯病病, 是以不病. 聖人不病, 以其病病, 是
以不病.

| 자해 |

* 병병(病病): 병을 병으로 여기다.

| 해영 |

인식론입니다. '안다는 것'은 무엇이고, '모르는 것'은 무엇일까요. 유가
(儒家)는 이렇게 이해합니다. '아는 것을 안다고 하고, 모르는 것을 모른다
고 하는 것, 그것을 아는 것'이라 합니다. 하지만 도가(道家)는 시각이 전

---

[127] '모른다'는 것을 '아는 것'이 가장 좋다. 잘못을 저지르는 사람의 병폐는 모르면서 안다고
생각하는 것이다. 사물에는 그런 것 같지만 그렇지 않다. 때문에 나라를 망하게 하고, 민중을
죽게 하는데 그치지 않는다. 작은 네모는 큰 네모와 종류가 같고, 작은 말은 큰 말과 종류가 같
으나, 작은 지혜는 큰 지혜와 종류가 같지 않다. 『呂氏春秋』, 「似順論·別類」.

혀 다릅니다. '안다는 것'은 '모르는 것이 무엇인지 다 알아야 안다'고 합니다. 모르는 것도 마찬가집니다. 모르는 것을 알려면 아는 것이 무엇인지를 다 알아야, 무엇을 모르는지 알 수 있기 때문입니다.

이처럼 '안다는 것'은 참으로 어려운 일입니다. 때문에 성인(聖人), 즉 깨달은 사람들은 '안다는 것'에 대해 함부로 논하지 않습니다. 장자(莊子)가 그랬고, 여기 노자(老子)에서도 논하고 있습니다. 서양의 소크라테스(Socrates: B.C470~B.C399)도 무지(無知)의 지(知)를 논하면서 '너 자신을 알라[Gonthi Seauton]'고 강조했습니다. 그렇습니다. 모르는 것을 인정하는 것, 그것이 병(病)을 치유하는 바탕이자 비법입니다.

제72장 : 두려움

　민중들이 [왕의] 위력을 두려워하지 않으면, 큰 위력이 이를 것이다. 그 거처하는 곳을 좁다고 하지 말고, 그 삶을 싫어하지 말라. 오직 싫어하지 않으니, 이 때문에 [민중들도] 싫어하지 않는 것이다. 이 때문에 성인(聖人)은 자신을 알지만 스스로 드러내지 않고, 자신을 아끼지만 스스로 귀하게 여기지 않는다. 그러므로 저것을 버리고 이것을 취한다.

| 원문 |

　民不畏威, 則大威至.[128] 無狎其所居, 無厭其所生. 夫唯不厭, 是以不厭. 是以聖人自知, 不自見, 自愛, 不自貴. 故去彼取此.

| 자해 |

　* 외(畏): 두려워하다. 위(威): 위력. 압(狎): 깔보다, 좁다, 가볍게 보다. 염(厭): 싫어하다. 현(見): 나타나다, 드러나다. 애(愛): 사랑하다, 아끼다. 거(去): 버리다.

| 해영 |

---

128)　사랑 받을 때 위태로움을 생각하니, 두려워하지 않음이 없다. 두려워하지 않으면, 두려움에 빠질 것이다. 『書經』, 「尙書·周官」.

지도자의 처세, 즉 자세는 어려운 일이 아닙니다. 민중들과 생사고락(生死苦樂)을 함께하는 것입니다. 말하자면 '수평적 리더십'을 구사하는 것입니다. 이쯤 되면 민중들은 지도자와 한 몸으로 여깁니다. 지도자의 위력은 논할 필요가 없습니다. 이와는 반대로 '수직적 리더십'으로 자신의 거처를 싫증내거나 불만을 표출하면 위험합니다. 위엄이 사라짐은 물론 위협으로 다가옵니다. '민중들이 지도자를 배척'하는 것입니다.

제73장 : 완벽한 하늘

과감한데 용감하면 죽고, 과감하지 않은데 용감하면 산다. 이 두 가지는 어떤 때는 이롭고 어떤 때는 해롭다. 하늘이 미워하는 바를 누가 그 이유를 알겠는가. 이 때문에 성인(聖人)은 오히려 그것을 어려워한다. 하늘의 도(道)는 다투지 않고도 잘 이기고, 말하지 않아도 잘 감응하며, 부르지 않아도 스스로 오고, 평범하면서도 잘 도모한다. 하늘의 그물은 넓고 넓어 성긴 듯하나 놓치는 것이 없다.

| 원문 |

勇於敢則殺,[129] 勇於不敢則活. 此兩者或利或害. 天之所惡, 孰知其故. 是以聖人猶難之. 天之道, 不爭而善勝, 不言而善應, 不召而自來, 繟然而善謀. 天網恢恢, 疏而不失.

| 자해 |

* 감(敢): 과감하다. 오(惡): 미워하다. 응(應): 응하다, 감응하다. 천(繟): 느긋하다, 평범하다, 느릿느릿하다, 너그럽다. 모(謀): 도모하다, 꾀하다. 망(網): 그물. 회(恢): 넓다. 소(疏): 성글다, 성기다, 트이다, 엉성하다.

---

[129] 자로(子路) 같은 사람은 온당한 죽음을 얻지 못할 것이다. 『論語』, 「先進」.

| 해영 |

『중용』에 시중지도(時中之道)란 말이 있습니다. '때에 적중해야 한다'는 뜻입니다. 즉 어떤 사태가 벌어져 '죽어야 할 땐 죽어야 하고, 살아야 할 때는 살아야 한다'는 것이나, 불꽃놀이 준비는 낮에 하지만, 그것을 '쏠 때는 밤'에 합니다. 그러나 욕심(欲心)이 가득한 사람은 하늘[자연]의 능력을 다 파악할 수 없습니다. 하늘의 그물은 넓고 넓어 성긴 듯하지만, 놓치는 법이 없습니다. 항상 겸손하고 또 두려워해야 합니다.

여기서 '하늘의 그물'을 고려하면, 우리 '몸'을 생각해 볼 수 있습니다. 특히 '몸' 가운데 우리의 소장구조, 즉 미세융모[Microvillus]의 기능을 따져보면, 하늘의 그것[그물]과 정확히 일치합니다. 말하자면 우리가 먹고 마시는 것[飮食]이 그렇습니다. 약초의 성분을 지니고 있는지 독초의 성분을 지니고 있는지 등을 명확히 분석하여 처리합니다. 절제의 미덕이 필요한 이유이자, 늘 겸손하고 두려워해야 하는 이유입니다.

제74장 : 작위(作爲)

　민중이 죽음을 두려워하지 않는데, 어찌 죽음으로 두려워하게 하는가.
만약 민중으로 하여금 늘 죽음을 두렵게 하면서 기이한 짓을 하는 사람
은 내가 잡아 죽일 것이니, 누가 감히 그렇게 하겠는가. 항상 죽임을 맡은
사람[형(刑) 집행하는 사람]이 죽이는 법인데, 죽임을 맡은 사람을 대신해
죽인다면, 이는 큰 목수를 대신해 나무를 깎는 것이다. 큰 목수를 대신해
나무를 깎는 사람은 그 손을 다치지 않는 사람이 드물다.

| 원문 |

　民不畏死, 奈何以死懼之.[130] 若使民常畏死而爲奇者, 吾得執而殺之, 孰
敢.[131] 常有司殺者殺, 夫代司殺者殺, 是謂代大匠斲. 夫代大匠斲者, 希有不傷
其手矣.

| 자해 |

　* 내(奈): 나. 구(懼): 겁주다, 두려워하게 하다. 기(奇): 기이하다. 집(執):
잡다. 살(殺): 사형하다, 죽이다. 대장(大匠): 큰 목수. 착(斲): 나무를 깎다.

---

130) 임금이 된 자는 백관을 통솔하는 도(道)를 닦고 관부(官府)의 자세한 일은 말하지 않는다.
신하가 된 자는 관부의 일에 종사하고 그 바깥의 일은 말하지 않는다. 『管子』, 「君臣」.
131) 숙감(孰敢)은 "누가 감히 그렇게 하겠는가."라는 뜻으로, 지도자가 민중으로 하여금 늘
죽음을 두렵게 하면서 기이한 짓을 하면, 하늘이 그를 용인하지 않는다는 의미다.

희(希): 희(稀)와 통용, 드물다. 상(傷): 상하다, 다치다.

| 해영 |

누구나 살기를 좋아하고 죽기를 싫어합니다. 어떤 사람의 삶을 대신 살아줄 수 없듯, 대신 죽어줄 수도 없습니다. 독일의 실존주의자인 하이데거(Heidegger)[132]는 사람을 논함에 있어 모두 세상에 던져진[投] 존재[被]로 규정했습니다. 즉 사람은 누구나 선택해서 태어날 수 없는 존재임을 주장한 것입니다. 그렇습니다. 우린 모두 '세상에 내던져진 존재'입니다. 여기서 '던져진 존재'란 다름이 아닙니다. 자연을 말합니다.

자연의 삶은 작위(作爲)가 없습니다. 그럼에도 '의식이 개입된 세상'이 되고 말았습니다. 틈만 나면 삶의 의미를 부여합니다. 가치를 논합니다. 어떻게 하면 가치를 높일까 고민합니다. 작위적 삶으로 변모된 것입니다. 작위적 삶은 생명(生命)을 위협하며 기이한 짓을 일삼는 자들이 나타납니다. 완전 반역입니다. 가치와 생사를 논하지 않는 자연으로 바르게 돌아가야 합니다. 누구도 우리의 삶을 대신할 수 없기 때문입니다.

---

132) 하이데거(Heidegger: 1889~1976)는 사람을 세상에 내 던져진[投] 존재[被]로 보았다.

제75장 : 굶주리는 이유

민중들이 굶주리는 것은 위에서 세금을 많이 먹기 때문이다. 그래서 굶
주린다. 민중들을 다스리기 어려운 것은 위에서 인위적으로 일을 꾸미기
때문이다. 그래서 다스리기 어려운 것이다. 민중들이 죽음을 가볍게 여
기는 것은 위에서 풍족한 삶을 추구하기 때문이다. 그래서 죽음을 가볍
게 여기는 것이다. 오직 인위적인 삶이 없다면, 이것이 삶을 귀하게 여기
는 것보다 낫다.

| 원문 |

民之饑, 以其上食稅之多. 是以饑. 民之難治, 以其上之有爲. 是以難治. 民
之輕死, 以其上求生之厚. 是以輕死.[133] 夫唯無以生爲者, 是賢於貴生.[134]

| 자해 |

* 기(饑): 굶주리다. 이(以)가 들어있는 문장의 기본 문형은 以A 爲B로,
'A를 가지고 B를 한다'는 뜻이 된다. 그런데 이 구조는 기계적이지 않다.

---

133) 75장에 대해 왕필(王弼: 226~249)은 이렇게 부연했다. "민중이 삐뚤어지는 까닭과 정치
가 어지러워지는 까닭은 모두 위로부터 말미암는 것이지, 아래에서 연유되는 것이 아니다. 민
중은 위를 따르기 때문이다."(言民之所以僻, 治之所以亂, 皆由上, 不由其下也. 民從上也.)
134) 어느 한쪽으로 치우치지 않은 길을 삶의 길잡이로 삼으면, 몸을 보존할 수 있고, 삶을 온
전히 할 수 있으며, 몸을 기르고 천수를 누릴 수 있다. 『莊子』, 「人間世」.

爲B가 以A 앞에 오기도 하고, 爲B가 생략되기도 한다. 그런가 하면 A가 생략되기도 하고, B가 생략되기도 한다. 경(輕): 가볍다. 후(厚): 두텁다. 현(賢): 승(勝)과 통용, 이기다, 낫다.

| 해영 |

일반적으로 지도자는 민중의 어버이로 불립니다. 지도자가 되어 자식과도 같은 민중을 사랑으로 대함은 당연합니다. 무한 사랑입니다. 거기엔 조건이 있을 수 없습니다. 한 몸으로 여기는 것입니다. 마찬가지로 민중들 또한 그런 지도자를 사랑함은 물론입니다. 그런데 민중의 어버이로 불리던 지도자가 자식들과도 같은 민중들을 수탈의 대상으로 삼으면 어떻겠습니까. 민중들은 더 이상 지도자로 여기지 않을 것입니다.

이몽룡의 시(詩)를 한 수 보겠습니다. "금준미주천인혈(金樽美酒千人血), 옥반가효만성고(玉盤佳肴萬姓膏), 촉루락시민루락(燭淚落時民淚落), 가성고처원성고(歌聲高處怨聲高)." 풀이하면 이렇습니다. "금술잔의 아름다운 술은 민중들의 피요, 옥쟁반의 맛좋은 안주는 민중들의 기름이라. 촛불의 촛농이 떨어질 때 민중들의 눈물 떨어지고, 노랫소리 높은 곳에 원망소리 높도다." 지도자의 존재 이유, 간단합니다. 여민동락입니다.

제76장 : 유약(柔弱)

사람이 살아서는 부드럽고 약하지만, 죽어서는 단단하고 강하다. 만물의 초목도 살아서는 부드럽고 무르지만, 죽어서는 마르고 딱딱하다. 그러므로 단단하고 강한 것은 죽음의 무리이고, 부드럽고 약한 것은 삶의 무리이다. 이 때문에 군사[병력]가 강하기만 하면 이길 수 없고, 나무가 강하기만 하면 부러진다. [그래서] 강하고 큰 것은 아래에 처하고, 부드럽고 약한 것은 위에 처한다.

| 원문 |

人之生也柔弱,[135] 其死也堅强. 萬物草木之生也柔脆, 其死也枯槁. 故堅强者死之徒, 柔弱者生之徒. 是以兵强則不勝, 木强則兵.[136] 强大處下, 柔弱處上.

| 자해 |

 * 인지생(人之生): 사람의 삶. 유약(柔弱): 부드럽고 약하다. 견(堅): 굳다, 단단하다. 강(强): 강하다, 뻣뻣하다. 취(脆): 연하다, 무르다. 고(枯): 마르

---

135) 강함은 자기보다 못한 사람을 이기는 것이고, 부드러움은 자기보다 뛰어난 사람을 이기는 것이니, 자기보다 못한 사람을 이기던 사람이 자기와 비슷한 사람을 만나면 위태롭지만, 자기보다 뛰어난 사람을 이기는 사람에게는 위태로움이 없다고 하였다. 『列子』,「黃帝」.
136) 여기서의 병(兵)은 절(折)과 통용된다. 즉 '부러지다, 꺾이다'로 해석된다.

다. 고(槁): 딱딱하다. 도(徒): 무리. 병(兵): 병사, 군사, 군대. 처(處): 처하다.

| 해영 |

생명공학을 전공하는 사람들에 따르면, 아이의 경우는 수분이 무척 많다고 합니다. 성장하여 나이가 들어갈수록 지니고 있던 수분이 점차 빠져나가면서 죽음을 맞는 것이라 합니다. 그렇습니다. 사람의 삶도 이와 다르지 않다고 봅니다. 삶의 무리는 부드럽고 약합니다. 그래서 위에 처해도 문제가 없습니다. 하지만 죽음의 무리는 단단하고 강하기만 합니다. 그래서 아래에 처합니다. '유약(柔弱)이 대접받는 이유'입니다.

제77장 : 하늘의 도(道)

하늘의 도(道)는 활을 당기는 것과 같구나. 높은 것은 누르고 낮은 것은 들어올리며, 남는 것은 덜어내고 부족한 것은 보태준다. 하늘의 도(道)는 남는 것은 덜어내고 부족한 것은 보태주나, 사람의 도(道)는 그렇지 않다. 부족한 것을 덜어 남는 곳에 봉양한다. 누가 남는 것으로 천하를 봉양하겠는가. 오직 도(道)를 터득한 사람이다. 이 때문에 성인(聖人)은 [남을] 위해 주되 바라지 않고, 공(功)이 이뤄져도 자처하지 않으며, 현명함을 드러내지도 않는다.

| 원문 |

天之道, 其猶張弓與. 高者抑之, 下者擧之, 有餘者損之, 不足者補之.[137] 天之道損有餘, 而補不足, 人之道則不然. 損不足以奉有餘. 孰能有餘以奉天下. 唯有道者. 是以聖人爲而不恃, 功成而不處, 其不欲見賢.

| 자해 |

＊ 장(張): 넓히다, 베풀다. 억(抑): 누르다. 거(擧): 들어 올리다, 들다. 여(餘): 남다. 손(損): 덜다. 보(補): 보완하다, 돕다. 봉(奉): 봉양하다. 시(恃): 바

---

137) 익(益)이란 위를 덜어서 아래를 더하는 것이니, 민중의 기쁨이 끝이 없다. 스스로 위에서 아래로 내려오니, 그 도(道)는 크게 빛난다. 『周易』, 「益卦」.

라다, 믿다, 의지하다. 처(處): 처하다, 자처하다. 현현(見賢): 현명함을 드
러내다.

| 해영 |

활을 쏘는 데에도 도(道)가 있습니다. 정곡(正鵠)을 맞추기 위해선 화살
의 각도를 달리해야 합니다. 즉 거리나 환경에 따라 포물선의 각도가 달
라지는 것입니다. 짧으면 비교적 낮게, 길면 비교적 높게 자세를 취합니
다. 이런 자세를 터득한 사람을 일러 고수(高手)라 합니다. 고수는 자연의
도(道)를 터득한 사람입니다. 높으면 누르고, 낮으면 올리며, 남는 것은 덜
어내고, 부족한 것은 보탤 줄을 압니다. '성인의 그것'입니다.

제78장 : 천하의 왕

천하(天下)에 물보다 유약(柔弱)한 것이 없으나, 굳세고 강한 것을 공격하는 데는 이를 이겨낼 만한 것이 없으니, 이는 무엇으로도 바꿀 수 없기 때문이다. 약함이 강함을 이기고, 부드러움이 굳셈을 이김은 천하에 모르는 사람이 없지만, 행하는 사람은 없다. 이 때문에 성인(聖人)은, "나라의 더러운 것을 받아들이는 사람이 사직(社稷: 국가)의 주인이고, 나라의 상서롭지 못한 것을 받아들이는 사람이 천하의 왕이다."라고 했다. 바른 말은 [일상적인 것과] 상반되는 듯하다.

| 원문 |

天下莫柔弱於水, 而攻堅强者, 莫之能勝, 以其無以易之. 弱之勝强, 柔之勝剛, 天下莫不知, 莫能行. 是以聖人云, 受國之垢, 是謂社稷主, 受國不祥, 是謂天下王.[138] 正言若反.

| 자해 |

* 유(柔): 부드럽다. 약(弱): 약하다, 말랑말랑하다. 공(攻): 치다, 공격하다, 공략하다. 견(堅): 굳세다. 역(易): 바꾸다. 강(强): 강하다. 강(剛): 굳세

---

138) 내와 못은 더러운 진흙을 용납하고, 산과 늪은 해충을 품고 있으며, 아름다운 옥은 티를 숨기고 있고, 나라의 임금은 치욕을 끌어안으니 하늘의 도(道)다. 『左傳』, 「宣公」, 15年.

다. 사직(社稷)¹³⁹⁾: 국가를 상징, 여기서 사직(社稷)의 사(社)는 토지를 관장하는 신, 직(稷)은 곡식을 관장하는 신을 말한다. 구(垢): 때, 더럽다. 상(祥): 상서롭다.

| 해영 |

나라의 더러운 것을 받아들이는 사람이 사직(社稷: 국가)의 주인이고, 나라의 상서롭지 못한 것을 받아들이는 사람이 천하의 왕이란 말씀은 이런 것입니다. 즉 어려운 것은 아니지만, 아무나 할 수 있는 것이 아닙니다. 여기서 '더러운 것'은 이른바 사회적 약자로 불리는 사람들입니다. 가령 신분이나 환경이 나빠 추위에 떨거나 굶주리는 사람들을 말합니다. 또 홀아비나 과부, 고아, 독거노인 등도 포함할 수 있습니다.

그리고 '상서롭지 못한 것'도 이 같은 부류를 말합니다. 사실 이들이 공동체의 일원으로 존재한다는 것 자체가 상서롭지 못한 일입니다. 이들을 구제(救濟)해야 함은 마땅합니다. 하지만 아무나 이들을 챙기진 못합니다. 때문에 나라의 주인이 되고, 천하의 왕이 될 수 있는 사람은 따로 존재합니다. 성인(聖人)이 필요하고, 지도자가 필요한 이유이기도 합니다. 물론 더 중요한 것은 이런 논의 자체가 사라지는 것입니다.

---

139) 농경사회에서 가장 중요한 것은 토지[社]와 곡식[稷]이다. 이를 주관하던 신(神)이다. 이를 옛사람들은 '국가를 상징'하는 용어로 사용했다.

제79장 : 선(善)한 하늘

큰 원한은 화해해도 반드시 여한(餘怨)이 있게 되니, 어찌 최선이 될 수 있겠는가. 이 때문에 성인(聖人)은 좌계(左契: 왼쪽 문서)를 잡고 있더라도 남에게 책임을 묻지 않는다. 덕(德)이 있는 사람은 계(契)를 맡은 것처럼 하고, 덕(德)이 없는 사람은 철(徹)을 맡은 것처럼 한다. 천도(天道)는 [특별히] 친함 없이 항상 선(善)한 사람과 함께 한다.

| 원문 |

和大怨, 必有餘怨, 安可以爲善.[140] 是以聖人執左契, 而不責於人.[141] 有德司契, 無德司徹. 天道無親, 常與善人.

| 자해 |

＊ 화(和): 화해하다, 풀다, 즉 화(和)는 상대의 뜻에 부응함으로써 조화를 이루다. 여(餘): 남다. 원(怨): 원한, 원망하다. 안(安): 어찌. 선(善): 최선. 계(契): 계약서와 같은 문서, 덕(德)이 있는 사람이 맡음. 좌계(左契): 계약서의

---

[140] 황천은 친한 바가 없으니, 오직 덕이 있는 사람을 돕는다. 민심은 무상하니 오직 은혜로운 자를 사랑한다. 『書經』, 「周書·蔡仲之命」.

[141] 어떤 물건에 대해 임대차 계약을 한다고 하자. 계약 내용을 작성한 후, 임대인이 왼쪽 반인 좌계(左契)를 가져가고, 임차인이 오른쪽 반인 우계(右契)를 가져간다. 후일 '우계'를 지니고 있는 사람이 '좌계'와 '우계'를 서로 맞춰보고, 채무사항을 이행하면 된다. '좌계'를 지니고 있는 사람의 성품이 선(善)한지 악(惡)한지를 논할 필요나 이유가 없는 것이다.

왼쪽 반. 철(徹): 거두다, 덕(德)이 없는 사람으로, 조금도 손해를 보지 않으려 가혹하게 함.

| 해영 |

덕(德)이 있는 사람은 욕심이 없는 사람입니다. 욕심이 없는 사람은 항상 남을 내 몸처럼 생각합니다. 그래서 남과 잘 어울립니다. 하지만 욕심이 많은 사람, 즉 덕(德)이 없는 사람은 이와 반대입니다. 남을 내 몸처럼 생각하지 않습니다. 그래서 남을 각박하게 대합니다. 사람들과 잘 어울리지 못합니다. 하늘은 선합니다. 있는 그대로입니다. 싫어하는 사람을 싫어하고, 좋아하는 사람을 좋아합니다. 잘 살아야 하는 이유입니다.

제80장 : 소국과민(小國寡民)

　나라를 작게 하고 민중을 적게 하며, 편리한 기계가 무수하게 있어도 쓰지 않게 하고, 민중들로 하여금 죽음을 중요하게 여겨 멀리 이주할 필요를 없게 하면, 비록 배와 수레가 있어도 그것을 탈 일이 없고, 비록 갑옷과 병기는 있어도 전쟁할 일이 없다. 민중들은 다시 줄에 매듭을 지어 그것을 쓰게 하면, 그들의 식사를 달게 여기고, 그들의 의복을 아름답게 생각하며, 그들의 거처를 편안하게 여기고, 그들의 풍속을 즐길 것이다. 이웃 나라가 서로 보이고, 닭과 개 짖는 소리가 서로 들릴 정도지만, 민중들은 늙어 죽을 때까지 서로 왕래하지 않을 것이다.

| 원문 |

　小國寡民,[142] 使有什佰之器而不用,[143] 使民重死而不遠徙, 雖有舟輿, 無所

---

[142] 흔히 세상과 동떨어진 세계를 이른바 무릉도원(武陵桃源)으로 칭한다. 중국의 호남성(湖南省)엔 실제로 '무릉(武陵)'이나 '도원(桃源)'과 같은 이름을 지닌 지역이 있다. 창덕시(常德市)의 도원현(桃源縣)과 장가계시(張家界市)의 무릉원(武陵源)이 그것이다. 이런 지명은 도연명(陶淵明)의 산문, 『도화원기(桃花源記)』에서 유래했다. 동진(東晉) 태원(太原) 연간(376~395)에 무릉의 한 어부가 복숭아꽃이 아름답게 핀 숲 속 물길을 따라갔다가 진(秦)나라의 난리를 피해 온 사람들이 모여 사는 곳에 방문하게 되고, 그곳에서 융숭한 대접을 받았다는 이야기다. 『도화원기(桃花源記)』는 동양적 이상향(理想鄕)을 보여주는 문장으로, 서양적 이상향을 보여주는 토머스 모어(Thomas More)의 『유토피아』에 비견된다. 그런데 『유토피아』와 다른 한 가지 특징이 있다. 서양적 이상향은 '어느 곳에도 없는 곳'이란 뜻을 지닌, 즉 실존 불가능한 것이라면, 동양적 이상향은 소박하지만, 존재한다는 사실이다. 참고로 『도화원기(桃花源記)』는 노자(老子)의 소국과민(小國寡民) 사상을 기초로 꾸며졌다.
[143] 여기서 사(使)는 '~으로 하여금 ~하게 만든다'는 뜻이다. 따라서 이 문장은 '수십 수백

乘之, 雖有甲兵, 無所陳之. 使人復結繩而用之, 甘其食, 美其服, 安其居, 樂其俗. 隣國相望, 鷄犬之聲相聞, 民至老死, 不相往來.[144]

| 자해 |

* 과민(寡民): 민중을 적게 하다. 기(器): 기계. 중사(重死): 죽음을 중요하게 여기다. 원사(遠徙): 멀리 이주하다, 멀리 이사하다. 사(徙): 옮기다. 주여(舟輿): 배와 수레. 갑병(甲兵): 갑옷과 병기. 진(陳): 늘어놓다, 전쟁을 위한 진. 부(復): 다시. 결승(結繩): 줄에 매듭을 짓다. 인국(隣國): 이웃 나라. 망(望): 바라보다. 계(鷄): 닭. 성(聲): 소리.

| 해영 |

한편의 무릉도원(武陵桃源)을 연상케 합니다. 이는 『도화원기』에 나오는 말로, '이상향', '별천지'를 비유적으로 이르는 말입니다. 노자가 일찍이 꿈꾸었던 이상향의 세계를 그린 것입니다. 노자가 살던 시대는 눈만 뜨면 분쟁으로 세월을 보내던 그런 시대였습니다. 지독히도 오랜 세월을 거친 오늘날에도 세상 정서는 그리 달라 보이지 않습니다. 여전히 자신과 조직의 이로움을 위해 얄팍한 지혜가 판을 치는 세상입니다.

의 기계가 있다 하더라도 그것들로 하여금 쓰이지 않게 한다'는 의미다. 그런데 이는 가정법이므로 '가령'으로 해석하면 된다. 예를 들면 '가령 수십 수백의 기계가 있어도 쓰이지 않게 하고'가 된다.

144) 장사를 지내거나 집을 옮기더라도 고향을 떠나지 않고, 여러 집이 한 우물을 사용한다. 집에 들어오고 나감에 서로 같이 다니고, 도둑을 지킴에 서로 도우며, 병이 났을 때 서로 돌보도록 하였으니, 민중이 친목하였다. 『孟子』, 「滕文公上」.

사람들이 만든 각종 제도를 인류사적으로 보면 극히 최근입니다. 유목(遊牧)에서 정착(定着)으로 변화되면서 제정된 것입니다. 즉 세상에서 선호하는 지혜가 동반된 것입니다. 이런 지혜의 결과물들이 오히려 세상을 혼란하게 만드는 요인이 되고 있습니다. 게다가 사치품이 필수품으로 자리 잡으면서 삶은 오히려 피폐해지고 있습니다. 자연에서 멀어진 결과입니다. 지혜를 부정할 때, 넉넉한 자연으로 회귀할 수 있습니다.

제81장 : 천인무간(天人無間)

　진실한 말은 아름답지 않고, 아름다운 말은 진실하지 않다. 선(善)한 사람은 말을 잘하지 못하고, 말을 잘하는 사람은 선하지 않다. 아는 사람은 박식하지 않고, 박식한 사람은 알지 못한다. 성인(聖人)은 [자기를 위해] 쌓아두는 일 없이, 남을 위해 주어도 자기는 더욱 소유하게 되고, 남에게 무엇이든 다 주는데도 자기는 더욱 많아진다. 하늘의 도(道)는 이롭게 하지만 해치지 않고, 성인(聖人)의 도(道)는 [남을] 위해 주되 다투지 않는다.

| 원문 |

　信言不美, 美言不信. 善者不辯, 辯者不善. 知者不博, 博者不知. 聖人不積,[145] 旣以爲人, 己愈有, 旣以與人, 己愈多. 天之道, 利而不害, 聖人之道, 爲而不爭.

| 자해 |

　* 신언(信言): 진실한 말, 미더운 말. 미언(美言): 아름다운 말. 변(辯): 말을 잘하다. 박(博): 박식하다, 해박하다. 적(積): 쌓다. 기(旣): 이미. 유(愈):

---

145) 주(周)나라는 명당의 바깥문을 닫아놓지 않았으니, 아무 것도 쌓아 놓은 것이 없음을 천하(天下)에 보인 것이다. 오직 쌓아놓지 않았기 때문에 지극히 귀한 물건을 지킬 수 있었다. 『呂氏春秋』, 「愼大覽·愼大」.

더욱. 해(害): 해치다. 위(爲): [남을] 위해 주다.

| 해영 |

미디어에 널리 알려진 말입니다. 1920년대 어느 추운 겨울날 가난한 한 노인이 '나는 시각 장애인입니다'라고 적힌 푯말을 앞에 놓고 공원에서 구걸(求乞)했습니다. 하지만 지나가는 사람들 가운데 한두 명만 적선(積善)할 뿐 그를 눈여겨보지 않았습니다. 그때 한 남자가 다가와 시각 장애인 앞에 멈추어 섰습니다. 잠시 머물다 자리를 떠나고 얼마의 시간이 지나자, 시각 장애인의 깡통엔 동전 소리가 끊이지 않았습니다.

푯말에는 이런 문구로 바뀌어 있었습니다. '봄이 곧 옵니다. 그런데 저는 그 봄을 볼 수 없답니다(Spring is coming soon, but I can't see it).' 이 글귀를 바꿔준 사람은 프랑스 시인, '앙드레 불통'이었습니다. 사실 앙드레 불통은 러시아 시인, 푸시킨의 '푸시킨과 소경 걸인(乞人)'이란 일화를 잘 알고 있었습니다. 푸시킨은 시각 장애인의 구걸 모습에 이런 문구를 써주었습니다. '겨울이 왔으니, 봄도 멀지 않으리라.'

소크라테스는 자신만을 위해 말하는 사람들에게 자신들의 무지(無知)를 모른다고 일침을 가했습니다. 예수 그리스도는 상대를 아끼고 사랑한다면 말을 줄이고 상대에게 집중하라고 했습니다. 『성경(聖經)』에는 이런 말도 있습니다. '입을 지키는 사람은 자기의 생명을 보전하고, 입술을 크게 벌리는 자는 멸망이 오며, 미련한 사람이라도 잠잠하면 지혜로운 이로 여겨지고, 그 입술을 닫으면 슬기로워 보인다'고 했습니다.

『장자(莊子)』에는 '개[犬]가 잘 짖는다고 좋은 개[犬]라고 할 수 없듯, 말
[言]을 잘한다고 현자(賢者)라고 할 수 없다. 오히려 현자는 말없이도 가
르침을 준다.'는 말이 있습니다. 즉 '개'의 역할은 집을 잘 지키는 것이고,
'말'은 뜻을 전달할 수 있으면 됩니다. 조선의 신흠(申欽)[146]은 뜻[意]을 표
현한 다음에 '말'을 마치는 것이 지언(至言)이나, 다 표현하지 않고, 살짝
여운을 남기는 것이 '더 좋은 지언(至言)'이라 했습니다.

즉 말솜씨가 좋다고 그 뜻이 진실한 것은 아니니 오히려 현란한 말을
조심하란 뜻입니다. 쓸데없는 말로 오해나 분란을 일으키고, 남에게 상
처를 주거나 분노하게 하는 말은 하지 않아야 합니다. 반면 용기와 희망
을 주고 위로와 상처를 치료해 주는 말은 필요합니다. 하지만 꼭 필요한
말만 전해야 합니다. 간략하게 알아듣기 쉽고 상대를 편안하게 해야 합
니다. 셰익스피어는 '말이 적은 사람이 좋은 사람'이라 했습니다.

『논어(論語)』에선 덕(德)이 있는 사람은 반드시 훌륭한 말을 하나, 훌륭
한 말을 하는 사람이라고 반드시 덕이 있는 것은 아니라 했습니다. 즉 인
덕(仁德)을 지닌 사람은 반드시 용기가 있지만, 용기가 있는 자라고 반드
시 인덕을 지닌 것은 아니란 말입니다. 다시 말해 인(仁)과 덕(德)을 지닌

---

146) 신흠(申欽: 1566~1628)은 조선의 문신이다. 자는 경숙(敬叔), 호는 상촌(象村), 시호는
문정(文貞), 본관은 평산이다. 선조 때 문과에 급제했다. 도승지, 병조참판, 대사성을 거쳐 한때
명나라에 다녀오기도 했다. 또한 한성부판윤, 병조판서, 예조판서를 거쳐 경기도관찰사를 지
냈다. 1613년 계축옥사(癸丑獄事) 때 유배되었다. 인조반정 후 이조판서와 대제학을 거쳐 우
의정을 지냈으며, 정묘호란 때 세자를 모시고 전주로 피난을 갔다 돌아와 좌의정과 영의정을
지냈다.

사람은 어질고 현명하여 헛된 말을 하지 않는다는 것입니다. 하지만 듣기 좋은 말만 하는 사람은 거짓으로 말하는 경우가 많습니다.

　진실한 말은 간단명료합니다. 화려할 필요가 없습니다. 말은 진심이 전해지고 뜻을 전할 수 있으면 됩니다. 석가모니가 가섭(迦葉)에게 불법(佛法)을 전할 때, 염화미소(拈花微笑: 以心傳心)로 전했습니다. 입을 지켜 망언(妄言)을 하지 않고, 몸을 지켜 망행(妄行)을 하지 않고, 마음을 지켜 망동(妄動)을 하지 않아야 합니다. 공자는 '교묘한 말과 아첨하는 얼굴을 하는 사람은 어진 마음을 지닌 사람이 적다'고 했습니다.

　성인(聖人)의 삶은 자연의 삶입니다. 하늘의 도(道)를 따르는 삶입니다. 즉 '천인무간(天人無間)의 삶'입니다. 공자(孔子)가 그랬고, 석가모니(釋迦牟尼)가 그러했으며, 장자(莊子)도 그랬습니다. 또 소크라테스(Socrates)가 그랬고, 예수 그리스도(Jesus Christ)도 마찬가지였습니다. 지금까지 논의한 노자(老子) 또한 그러했습니다. 20세기를 지나 21세기를 함께 호흡하는 우리 모두는 '자연과 하나 되는 삶'이면 좋겠습니다.

『노자열전(老子列傳)』

노자(老子)라는 인물에 대한 기록은 『장자(莊子)』와 『순자(荀子)』, 『한비자(韓非子)』, 『관자(管子)』, 『여씨춘추(呂氏春秋)』, 『전국책(戰國策)』 등에 보입니다. 하지만 전기(傳記)의 형태로 서술된 것은 역시 사마천(司馬遷)이 저술한 『사기(史記)』에서 볼 수 있습니다. 그의 「노자한비열전(老子韓非列傳)」에 보면, 노자(老子)에 대한 간단한 내용이 나옵니다. 노자는 초(楚)나라 고현(古縣) 여향(術鄕) 곡인리(曲仁里) 사람입니다.

성은 이(李), 이름은 이(耳), 자(字)는 담(聃)으로, 주(周)나라 왕실의 도서관을 지키는 사관(史官)이었습니다. 공자(孔子)가 주(周)에 가서 그에게 예(禮)를 물으려 하자, 노자가 이르기를, "그대가 말하는 그 사람은 이미 뼈까지 썩었소. 오직 그 말만 남아 있을 뿐이오. 군자는 그 때를 얻으면 수레를 몰고, 때를 얻지 못하면 엉킨 쑥대처럼 행할 뿐이오. 내 듣건대 장사를 잘하는 사람은 깊숙이 간수해서 빈 듯이 하오."

"군자의 성대(盛大)한 덕(德)은 그 모습이 어리석은 듯하다 하였으니, 그대는 교만한 기운과 많은 욕심, 꾸민 거동과 지나친 뜻을 버리시오. 이는 그대에게 득이 될 것이 없소. 내가 그대에게 일러줄 것은 이것뿐이외다." 라고 하였습니다. 공자가 제자들에게 이르기를, "나는 새가 난다는 것을 알고, 물고기가 헤엄치는 것도 알며, 짐승이 뛴다는 것도 안다. 달리는 것은 그물로 잡을 수 있고, 헤엄치는 것은 낚을 수 있다."

"또 나는 것은 주살로 잡을 수 있으나, 용(龍)이 풍운(風雲)을 타고 하늘을 오르는 것에 대해선 알 수 없으니, 내가 오늘 뵌 노자는 용과 같은가 하노라!"라고 하였습니다. 노자는 도덕(道德)을 닦았는데, 자은무명(自隱無名)[147]에 힘썼습니다. 그는 주(周)나라에 거주한 지 오래되었는데, 주(周)나라가 쇠퇴(衰頹)하는 것을 목격하자, 마침내 주나라를 떠나 관(關)에 이르렀습니다. 관지기였던 윤희(尹喜)가 노자를 보고 청합니다.

"선생께서 숨으려 하시나, 저를 위해 억지로라도 책을 지어주십시오."라고 부탁을 합니다. 이에 노자는 도덕(道德)의 뜻을 담은 상·하편의 글 오천여 언(言)을 남기고 떠났습니다. 그리고 노자가 언제 생(生)을 마쳤는지는 알 수 없습니다. 여기서 새롭게 등장하는 인물이 있는데, 일각에서는 이 사람을 노자라고 주장하는 경우가 있습니다. 즉 노래자(老萊子) 또한 초나라 사람으로, 이 사람이 실제 노자(老子)라는 것입니다.

노래자는 저서 15편에서 도가(道家)의 쓰임에 대해 논했는데, 공자(孔子)와 동시대 인물이라 합니다. 한편 노자는 160여 세 혹은 200여 세라 하는데, 도(道)를 닦아 수명을 기른 까닭일 것입니다. 공자가 작고한 후, 129년이 되어 주나라 태사(太史) 담(儋)이 진헌공(秦獻公)을 뵙고, "처음에 진(秦)과 주(周)가 합하고 합한 지 500여 년 후에 분리되고 분리된 지 70

---

147) 그의 학문은 '스스로 숨어 이름이 없음[自隱無名]'에 힘썼다는 의미다.

년 만에 패왕(霸王)이 나온다."는 말이 역사에 나옵니다.

혹자는 담(儋)이 노자라고 하고 더러는 아니라고 하니, 그런지 알 수 없다고 했습니다. 노자는 자신의 재덕(才德)을 숨긴 은군자(隱君子)였습니다. 노자 아들의 이름은 종(宗)인데, 위(魏)나라 장수가 되어 단간(段干) 땅에 봉해졌습니다. 종의 아들은 주(注)이고, 주의 아들은 궁(宮)이며, 궁의 현손(玄孫)은 가(假)인데, 가는 한나라 효문제(孝文帝) 때 벼슬을 했습니다. 가의 아들 해(解)는 교서왕(膠西王) 앙(卬)의 태부(太傅)입니다.

앙(卬)의 태부(太傅)가 된 까닭에 제(齊)에서 살게 되었습니다. 세상에 "노자의 학문을 배우는 사람은 유학(儒學)을 폄하하고, 유학은 노자를 배척하니, 도(道)가 같지 않으면, 서로 묻지 않는다는 말은 이를 이르는 것인가."라고 하여 '유가와 도가의 관계가 원만하지 않았음'을 엿볼 수 있습니다. '이이(李耳)의 사상(思想)'은 인위[作爲]가 없이 스스로 되고[無爲自化], 맑고 고요히 스스로 바르게 된다[淸靜自正]는 것입니다.

참고문헌

1. 한국

『三國史記』, 『三國遺事』, 『栗谷全書』, 『朝鮮王朝實錄』, 『與猶堂全書』, 『續仙傳』.

김길환, 「栗谷의 老子觀」, 『한국학보』 5집, 1976.

김낙필, 「孤雲의 道敎觀」, 『崔孤雲 研究』, 민음사, 1989.

김원학, 『독을 품은 식물 이야기』, 문학동네, 2014.

김충렬, 『노자강의』, 예문서원, 2004.

김학목 역, 『박세당의 노자』, 예문서원, 1999.

김해영, 『고사성어로 철학하다』, 문화문고, 2017.

김해영, 『사서강의』, 안티쿠스, 2017.

김해영, 『새인간행동이론』, 부크크, 2021.

김해영, 『서원, 유학자의 본향』, 안티쿠스, 2021.

김해영, 『유학사상강의』, 부크크, 2021.

김해영, 『장자강의』, 안티쿠스, 2020.

김해영·김동숙, 『교양불교강의』, 부크크, 2023.

김홍경, 『노자』, 들녘, 2003.

김화영 역, 『시지프 신화』, 민음사, 2016.

노승현 역, 『노자와 性』, 문학동네, 2000.

류정동, 『동양철학의 기초적 연구』, 성균관대학교출판부, 1986.

박문재 역, 『유토피아』, 현대지성, 2020.

박종현 역, 『소크라테스의 변론』, 서광사, 2009.

박종현, 『국가』, 서광사, 2001.

송항룡, 「栗谷의 老子研究와 道家哲學」, 『韓國道敎哲學史』, 성균관대 대동문화연구원,

　　　1987.

송항룡, 「서계 박세당의 노장연구와 도가철학사상」, 『대동문화연구』, 1982.

송항룡, 『남화원의 향연』, 성균관대학교출판부, 2003.

송항룡, 『노자를 이렇게 읽었다』, 성균관대학교출판부, 2012.

송항룡, 『동양인의 철학적 사고와 그 삶의 세계』, 명문당, 1993.

송항룡, 『맹랑선생전』, 동인서원, 1998.

송항룡, 『시간과 공간 그리고 말』, 성균관대학교출판부, 2022.

송항룡, 『지금 바로 여기』, 동인서원, 1999.

송항룡, 『한국도교철학사』, 성균관대학교 대동문화연구원, 1987.

오정석 역, 『삶이 그대를 속일지라도』, 더클래식, 2020.

유승국, 『유가철학과 동방사상』, 성균관대학교출판부, 2010.

이강수, 『道家思想의 硏究』, 고려대학교 민족문화연구소, 1985.

이강수, 『徐命膺의 老子觀』, 아세아문화사, 1991.

이기동, 『노자』, 동인서원, 2014.

이기동, 『서경강설』, 성균관대학교출판부, 2007.

이기동, 『유학 오천년』, 성균관대학교출판부, 2022.

이기상 역, 『존재와 시간』, 까치, 1998.

이상률 역, 『유교와 도교』, 문예출판사, 1996.

이성호 역, 『도연명전집』, 문자향, 2001.

이승민 역, 『스토리노믹스』, 민음인, 2020.

이승철, 「율곡과 선산 철학에 나타난 앎의 구조와 의미」, 『율곡학연구』 7권,
　　　2003.

임채우, 「왕필 역 철학 연구-以簡御繁사상을 중심으로」, 연세대학교 박사학위논문,
　　　1996.

임채우, 『왕필의 노자』, 예문서원, 2000.

정재철, 『노자독법』, 안티쿠스, 2013.

조민환, 「朴世堂의 老子理解 - 道의 體用論的 理解를 中心으로」, 『道教文化硏究』11집,
　　　1997.

조민환, 『노장철학으로 동아시아를 읽는다』, 한길사, 2002.

조민환, 『유학자들이 보는 노장철학』, 예문서원, 1996.

조민환, 『중국철학과 예술정신』, 예문서원, 1997.

조송식 역, 『화하미학』, 아카넷, 2016.

채사장, 『지적 대화를 위한 넓고 얕은 지식』, 웨일북, 2019.

최명 역, 『중국정치사상사』, 서울대학교출판부, 1998.

최병철, 『동양철학개론』, 수덕문화사, 1998.

한국도가철학회, 『노자에서 데리다까지』, 예문서원, 2001.

한국도교문화학회, 『한국의 신선사상』, 동과서, 2000.

2. 중국

『小學』, 『大學』, 『論語』, 『孟子』, 『中庸』, 『詩經』, 『書經』, 『禮記』, 『春秋左氏傳』, 『周易』, 『莊子』, 『荀子』, 『墨子』, 『史記』, 『列子』, 『管子』, 『淮南子』, 『呂氏春秋』, 『漢書』, 『韓非子』, 『戰國策』, 『山海經』, 『楚辭』, 『晏子春秋』, 『孫子兵法』, 『太極圖說』, 『桃花源記』, 『通書』, 『漢詩外傳』, 『國語』.

顧實, 『漢書藝文志講疏』, 上海: 古籍出版社, 1987.

高亨, 『老子注譯』, 河南: 人民出版社, 1982.

國家文物國庫文獻硏究室, 『馬王堆漢墓帛書』, 文物出版社, 1980.

勞思光, 『中國哲學史』, 友聯出版社有限公司, 2014.

段玉裁, 『說文解字注』, 臺北: 黎明文化事業公司, 民國67.

樓宇烈, 『王弼集解校釋』, 臺北: 華正書局, 民國72.

帛書, 『老子』, 河洛圖書出版社, 臺北: 民國64.

成玄英, 『老子義疏』, 臺北: 廣文書局, 民國93.

蘇東天, 『易老子與王弼注辨義』, 北京: 文化藝術出版社, 1996.

蘇轍, 『老子解』, 北京: 中華書局, 1985.

孫星衍, 『周易集解』, 上海書店, 1993.

宋常星, 『道德經講義』, 臺北: 自由出版社, 1976.

王文亮, 『中國聖人論』, 北京神話印刷, 1993.

王弼, 『老子注』, 四庫全書 卷146, 臺北: 商務印書館.

劉坤生, 『周易老子新證』, 江蘇: 文藝出版社, 1992.

李道平, 『周易集解纂疏』, 北京: 中華書局, 1994.

林麗眞, 『王弼老易論語三注分析』, 臺北: 東大圖書公司, 民國77.

張默生, 『老子章句新解』, 臺北: 樂天出版社, 民國60.

張松如, 『老子說解』, 齊魯書社, 1987.

朱謙之, 『老子校釋』, 北京: 中華書局, 1991.

河上公, 『老子道德經河上公章句』, 北京: 中華書局.

荊門市博物館, 『郭店楚墓竹簡』, 文物出版社, 1998.

3. 기타

『聖經』.

小島祐馬, 『中國哲學史』, 創文社, 昭和六二年.

찾아보기

스스로 드러내지 않기 때문에 밝아지고,
스스로 옳다고 하지 않기 때문에 빛이 나며,
스스로 자랑하지 않기 때문에 공을 이루고,
스스로 자만하지 않기 때문에 오래간다.

사람을 다스리고 하늘을 섬기는 데
아끼는 것만 함이 없다.
오직 아낄 뿐이다.

노자강의

김해영 지음

발 행 처 · 도서출판 청어
발 행 인 · 이영철
영　　업 · 이동호
홍　　보 · 천성래
기　　획 · 남기환
편　　집 · 방세화
디 자 인 · 이수빈 | 김영은
제작이사 · 공병한
인　　쇄 · 두리터

등　　록 · 1999년 5월 3일
(제321-3210000251001999000063호)

1판 1쇄 발행 · 2023년 8월 10일

주　　소 · 서울특별시 서초구 남부순환로 364길 8-15 동일빌딩 2층
대표전화 · 02-586-0477
팩시밀리 · 0303-0942-0478

홈페이지 · www.chungeobook.com
E-mail · ppi20@hanmail.net
I S B N · 979-11-6855-172-5(03150)